インクルーシブ発想の教育シリーズ❷

インクルーシブ教育を通常学級で実践するってどういうこと？

青山新吾・岩瀬直樹 著

刊行にあたって

　2007年の学校教育法の一部改正で本格実施された特別支援教育。それから10年近い月日が過ぎ、学校教育の中に、一人ひとりの子どもたちを大切にする意識が強まりました。

　しかし、時代はさらに動いています。

　2012年に中央教育審議会から「共生社会の形成に向けたインクルーシブ教育システム構築のための特別支援教育の推進」の報告が出されました。この「インクルーシブ教育システム」では、障害のある子どももない子どもも「可能な限り共に学ぶ」ことを追究するという表現によって「共に学ぶ」という原理が示されたのです。

　これは、とても大切で、とてつもなく大きな課題です。

　「共に学ぶ」とはどういうことなのでしょうか。

　「共に学ぶ」のは誰なのでしょうか。障害のある子どもとない子どもだけの話なのでしょうか。そもそも、障害の有無は、明確に区分できるものなのでしょうか……等々。

　本シリーズでは、これらの課題に向き合っていくための考え方を「インクルーシブ発想」とし、さまざまな考えやそこから導かれる具体的な取り組みを提供していきたいと思います。これらが、それぞれの場所で「共に学び、育つ」取り組みを進めていくきっかけやヒント、エネルギーになれば幸いです。

編集代表 青山新吾
（ノートルダム清心女子大学人間生活学部児童学科）

インクルーシブ発想の教育シリーズ②
インクルーシブ教育を通常学級で実践するってどういうこと？

目次

刊行にあたって ……………………………………………… 3

第1章 インクルーシブ発想とは
～岩瀬直樹実践が問いかけるもの～ …………… 7

インクルーシブ発想とは ……………………………………… 8
1．つなぐ、つながることの弱さ ……………………………… 9
2．「集団の中の個」という考え方 …………………………… 10
3．関係性と合理的配慮 ……………………………………… 18
4．岩瀬実践は私たちに何を問うているのか ……………… 25
　（1）個別性／（2）緩やかな協同性／（3）技術的側面

岩瀬直樹実践の概要 …………………………………… 29
教室リフォームプロジェクト／プロジェクトアドベンチャー（PA）
会社活動／作家の時間（ライティング・ワークショップ）
振り返りジャーナル／ブッククラブ（リーディング・ワークショップ）
単元内自由進度学習／自立チャレンジタイム（学習の個別化の時間）

第2章 インクルーシブ教育をどう実践すればいいのか
（対談）青山新吾×岩瀬直樹 ……………………………… 41

4月の最初に「教室リフォームプロジェクト」を行う理由 …………… 42

「作家の時間」で子どもたちをみる、「PA」で人間関係を混ぜる …… 45

コンテンツだけ取り入れても意味がない ………………………… 49

学校文化ではICFが不問にされている? ……………………… 56

授業は同じように進むというのはフィクション ………………………… 58

「表向きのストーリー」と「秘密のストーリー」をリンクさせる ……… 62

教師の仕事は、徹底した個への関心がないと成立しない …………… 72

先生は、一緒に生活する人 …………………………………… 75

当事者である子どもと一緒に授業をつくる ……………………… 78

子ども同士の関係性と合理的配慮 ……………………………… 82

困っていることを表に出していい文化をつくる難しさ ……………… 88

関係性の中だけでやろうとすることの危うさ ………………………… 91

トップダウンから協同探究、そしてパートナーへ …………………… 97

教室に畳スペースをつくる理由 ………………………………… 102

学習を個別化すると、個人がみえてくる ………………………… 105

学びのコントローラーは子どもたちの手にある! ………………… 109

「自立チャレンジタイム」の時数はどうやって取っていたのか …… 111

専門性があるほうが協同的な学びの質も高まる ………………… 116

学校教育の未来 ………………………………………… 120

どんな個にもフォーカスが当たる社会に ………………………… 123

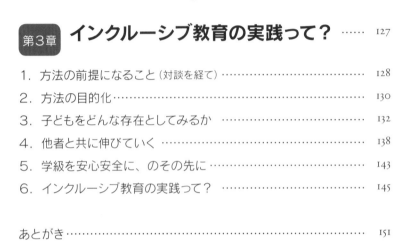

第3章 インクルーシブ教育の実践って？ ……127

1. 方法の前提になること（対談を経て）……………………………128
2. 方法の目的化……………………………………………………130
3. 子どもをどんな存在としてみるか ……………………………132
4. 他者と共に伸びていく…………………………………………138
5. 学級を安心安全に、のその先に………………………………143
6. インクルーシブ教育の実践って？……………………………145

あとがき……………………………………………………………151

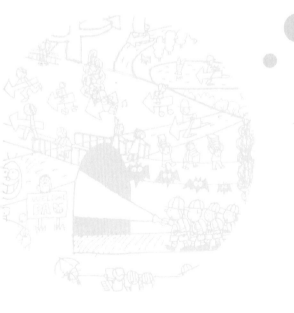

第1章

インクルーシブ発想とは

～岩瀬直樹実践が問いかけるもの～

青山新吾

インクルーシブ教育の実践について考えていく前に、まずはインクルーシブ教育を進めていくための根幹の考え方について、整理していきます。

「共に学び、育つ」ということを考えていきたい！

青山新吾：1966年兵庫県生まれ。大学卒業後、岡山県津山市の「ことばと情緒の教室」に赴任したことがきっかけで、障害児教育の道がスタート。子どもの内面への理解、関係にこだわり、個別の物語（エピソードの記述）を紡ぐことの重要性を発信されてきた。岡山県内小学校、岡山県教育庁勤務を経て現在は、ノートルダム清心女子大学准教授、同大学インクルーシブ教育研究センター長。臨床心理士、臨床発達心理士。

インクルーシブ発想とは

　2016年に学事出版から「インクルーシブ発想の教育シリーズ」の第1弾『インクルーシブ教育ってどんな教育？』を刊行しました。その後、我が国のインクルーシブな教育に関して大きな変化があったとは言い難い状況だと思います。「インクルーシブ教育システム」の推進については、国や各自治体でさまざまな取り組みが行われるようになっています（国立特別支援教育総合研究所『インクルーシブ教育システム構築に向けた地域における体制づくりのグランドデザイン〜文部科学省モデル事業等の実践を通じて〜』『インクルーシブ教育システム構築のための学校における体制づくりのガイドブック〜全ての教員で取り組むために〜』東洋館出版社等を参照）。「インクルーシブ教育システム」の動きは参考文献等に譲ることとして、本書では、インクルーシブ教育を進めていく根幹の考え方とそれを具現化するための実践について検討していきたいと思います。そして、その根幹の考え方をインクルーシブ発想と呼ぶことにします。

　なお、最近のインクルーシブ教育に関する発信が「発達障害」のある子どもを一緒に教育することに特化し過ぎであるという声を耳にすることがあります。この批判はもっともなものであり、インクルーシブ教育が「発達障害の子どもの教育」だけを指すはずはありません。障害だけに限定しても、視覚障害、聴覚障害、肢体不自由や病弱のある子どもたちが一緒に学べるように取り組まれるのが当たり前です。もちろん、医療的ケアを必要とする子

どもたちが一緒に学べるための検討も必要です。しかし、本書ではさまざまな障害のある子どもたちについて各論的に検討するのではなく、根幹の考え方や在り様すなわちインクルーシブ発想について検討することにします。そもそもの通常教育の在り方を考え変革していかなくては、インクルーシブ教育を実現する方向がみえてこないと考えるからです。

１．つなぐ、つながることの弱さ

　私は、前掲の『インクルーシブ教育ってどんな教育？』において、これまでの特別支援教育の弱点は「つながろうとすること」、子どもや大人が「つながる力」を育てる視点が弱すぎたところであると指摘しました。特別支援教育は、個の教育的ニーズに応じることが本質です。そこでは、個の発達や障害特性に応じた適切な指導・支援を行うことが重要であり、これまでに多くの実践が蓄積されてきています。しかし、障害のある子どもたちと周囲の子どもたちがつながるという視点での取り組みになると、特別支援教育の制度的には「交流および共同学習」だけなのです。

　もちろん、「インクルーシブ教育システム」を進めていくための大きな制度改正は行われています。平成25年（2013年）の学校教育法の一部改正により、障害のある児童生徒の就学先の決定については、総合的な判断すなわち、本人の障害の状態だけではなく、教育上必要な支援の内容、地域の教育体制の整備状況やその他の事情を勘案して行われることになりました。それにより、児童生徒の学びの場は固定されたものではないとする、「連続性のある多様な学びの場」の考え方が示されました。これにより、障害の

状態が変化しなくても、種々の条件によって、学びの場を変更することが考えられるようになったのです。

しかし、実際にはこれらの変化が我が国の学校教育に大きなセンセーションを巻き起こしているとは言い難いでしょう。また、「交流および共同学習」が、各学校で重要な課題として取り組まれていると言えるかどうかについても、地域差、学校差が激しいという印象があります。

つまり、ハード面、例えば法律改正であったり「交流および共同学習」という制度であったりの整備ではなくて、それを支えるソフト面での検討が必要なのでしょう。また、ハード面、ソフト面を支える基盤となる考え方、理念、哲学を考えることが求められているのだと思います。それがないと「つなぐ・つながる」という視点での取り組みが進んでいかないと考えられるからです。

そもそも「つなぐ・つながる」という視点での取り組みは、単に障害のある子どもの個の発達を促すだけではなくて、全ての子どもたちの多様性を基盤とした共生社会の形成を目指しているものなのです（「中央教育審議会初等中等教育分科会報告」2012年）。これは、単に障害のある子どもの教育という次元を超えたものです。教育全体を視野に入れた大きな変化を前提としているものです。すべての子どもたちを対象に、子どもたちの多様性を前提とした教育への変革を指向しているのです。

2.「集団の中の個」という考え方

再度書きますが、特別支援教育は「個に応じた指導・支援」が特徴的である教育です。平成19年（2007年）に学校教育法の一部

改正があり、特別支援教育が法制化されました。それまで、場を違えた特殊教育つまり特別支援学校や特別支援学級だけで行われていた障害のある子どもへの指導が、通常の学級においても行われるものへと大転換した重要な法改正でした。これにより、通常の学級においても、障害のある子どもへの指導、すなわち個に応じた指導・支援を行うことが当たり前になりました。

　同年に文部科学省初等中等教育局長通知が出されました。そこでは、特別支援教育を進めるための具体的な取り組みとして、各校に特別支援教育コーディネーターを指名し、校内委員会を設置するなど、校内支援体制を整えることが示されたわけです。また、子どもの実態把握を行うこと、個別の指導計画、教育支援計画を作成するなど、個に応じた指導・支援を行うことが求められました。そして、全国でこれらが進められていきました。

　しかし、進めていくうちに当たり前のことに気づきます。それは、通常の学級には30人程度の児童生徒が在籍している場合が多いということ、そして支援を必要とする児童生徒は各クラスに1人ではないということでした（文部科学省の通常の学級に在籍する特別な支援を必要とする児童生徒に関する全国調査では、平成14年度で6.3％、平成24年度には6.5％の児童生徒に特別な支援が必要であると示されました。これは、各クラスの中に3〜4人在籍している計算になるデータでした）。つまり、個に応じた指導・支援を行うといっても、そのすべてが個別で行われるというわけではないのです。子どもたちは集団で生活し学んでいるのですから、それは物理的に無理なのです。

　この矛盾した状況をどのように考えればいいのでしょうか。

　私は、この状況に対して「集団の中の個」という言い方を示し

ました。これは、個をみつめ捉えていくとしても、

- ・個としてみたときの個
- ・集団の中の個

の二つは別であり、学校内では後者すなわち「集団の中の個」として捉えておく必要があることを提起したものでした。

　この捉え方は、さらに言えば、子どもを「関係としてみる」ということであるとも言えます。

　特別支援教育の文脈では（いや、そうでなくても）

　「あの子は落ち着きがないね」

　「あの子はこだわりがきついので、一度やり出したら止められないんだ」

などという言い方をすることが多いと思います。これは、「あの子は……だ」という見方をしていると言えます。しかし、実際によく観察したり本人とつきあったりしてみると、そうでもない場合もあるわけです。例えば、

　「あの子は○○先生と一緒のときは落ちついた行動を取れることが多いけれど、○○○先生と一緒のときは、ことばを荒らしたり、その場を立ち去ったりすることが多いね」

ということもあるのではないでしょうか。つまり、一緒にいる人やその場所の違いによって、同じ子どもでも違う姿をみせることは、普通にみられることなのです。このような見方をここでは「関係としてみる」と呼んでいます。

　「関係としてみる」ことは、そのようなことばを使っていなくても、日常的に行われていることです。教室内に、学習の妨げになるようなものを置かないように配慮することは、特別支援教育の

中ではよく言われることだと思います。これは「環境調整」のように説明されることが多いかもしれません。しかし、実はこれも、教室の環境との関係によって、行動が止めにくくなったり、集中できたりするという「環境との関係」によって子どもをみていることになります。支援を要する子どもの教室内の座席位置を検討することも、よくあることだと思います。これも同様であり、周りに腰掛けている子どもとの関係によって、行動が穏やかになったり、落ち着かなくなったりすることがあることを示しているわけです。

　これは、教師との関係においても同様です。

　ゆっくり穏やかに話す教師との関係では、興奮した感じの話し方になりにくい子どもでも、高圧的な話し方をする教師との関係では興奮しやすくなるということは、よくみられることではないでしょうか。この際、

　「あの子は教師にことばを荒らす」

と表現することは、とても不正確な言い方になるのです。そうではなくて、

　「○○先生との関係では興奮しやすい」

子どもであると表現していくことが、正確なことばの使い方だと思います。

　このように、「関係としてみる」ことは、そのことばを使っていないにしても日常的に行われたり目にしたりしていることでしょう。そして、この見方をもっておかないと

　「教室の前方の掲示をすべて取っているのにまったく落ち着かないから、そのような取り組みには意味がない」

などと言い切られることが出てきます。ある子どもには教室前方

の掲示が刺激になっていても、また別の子どもにはそのようなことは関係がないという見方をしていく必要があります。そうしないと、掲示を取るという行為がマニュアルになってしまい、それをすることが子どもにとってどのような意味をもつのかを考えなくなってしまうからです。

　では、そうならないためには、どのようにすればよいのでしょうか。

　そこで重要になってくるのが、エピソードで示すということです。エピソードを語るというと、体験談を話している程度に捉えられることが多いように思えます。現実に、エピソードを語るタイプの講演を行った後で、

「体験談をきいて参考になりました」

のような感想をいただくことがあります。エピソードと体験談は、同じものなのでしょうか。

　例えば、次のようなエピソードがありました。

　　ある教室に伺った。

　　子どもたちと先生の日常の邪魔にならないようにと思いながら、教室の片隅に立っていた。すると、ある子どもが教室の床に転んで、足をバタバタさせながら泣いている姿が目に入ってきた。周囲の子どもたちは少し離れてその様子を伺っているが、もっと近付いて関わることはなかった。担任の先生は、ちょうど教室の外で怒っている別の子どもにかかわっている最中だ。

　　私は、教室の観察、子どもたちの参観という仕事で教室にうかがった際には、基本的に極力子どもたちには直接かかわ

らないことが多い。日常の子どもたちや先生の姿、関係性が
みえなくなるのを恐れるからである。いや、子どもたちと先
生の日常を邪魔しないようにするためである。

　しかし、このときはそうも言っていられないなと感じ、床
で転んでいる男の子の元に近づいた。少しずつ少しずつ距離
をつめる。急に近づいたり、声をかけたりするのは、彼を脅
かすことになるかもしれないと考えたからだ。混乱している
と思われるときに、不用意に距離を詰められる、それは物理
的な距離であっても心理的な距離であってもだが、子どもに
はそれが恐怖や不安につながるかもしれないと思えたのであ
る。

　そうしながら彼のすぐ近くまで行ったときに、男の子の横
にお弁当箱があるのが目に入った。今日の昼食のお弁当箱で
ある。私は本人の横に腰を下ろし、本人には何も言わないで、
　「お弁当箱だ……なんだろう？」
とつぶやいた。彼は何も答えなかったが、構わずさらにつぶ
やいた。
　「うーん、今日のお弁当は……ラーメンだ！」
　それまでバタバタしていた彼の動きが止まった。そして、
　「ちがう」
と言った。それにあまり大きく反応することなく、
　「違うか・だったら　　うどん！」
と言うと、
　「違うよ。うどんじゃない」
と答える彼。
　知らず知らずのうちに彼とのやりとりが始まった。バタバ

タした動きは収まり、私に自分の今日のメニューはスパゲッティーだと教えてくれたのである。

　私はこのとき、どうやって彼の気持ちを切り換え、行動を切り換えようかと考えていたのだった。そして、切り換わったところに、タイミングをみながら次の行動を提示して、そこにのせたいと考えた。そこで、タイミングをみて、

　「席はどこだったかな。机は……」

などと言っていると、彼はそちらに視線を向けている。そのタイミングを逃さず、

　「行くか！　せーの！」

と声をかけるとさっと立ち上がった。間を空けないで彼の席の方向へ一緒に歩く。

　周りの子どもたちも巻き込もうと思い、

　「みんなも食べるよね～」

などと声をかけた。席に着く彼。ちょうど担任の先生が戻ってこられたので、私はそれ以上彼との距離を詰めるのは止めた。担任の先生と彼の関係で、昼食が始まるのがよいと思ったからだ。少しずつ下がりながら距離を離していった。

　「いただきます」

という当番の声で昼食が始まった。

　これは、私が実際に体験したことです（個人が特定されないようにするため、本筋とは関係のないところで事実に若干の修正を加えています）。そういう意味では、体験談であることは間違いないのです。しかし、体験したことをそのままことばにしたものかと言われると、そうではありません。

まず、体験したことのどこを切り取るのかについて考えています。また、切り取った内容について、どのように伝えるのかを考え、そのストーリーラインを明確にしようとしています。加えて、子どもの様子だけを連ねているわけではなく、私と子どもの関係を記述しようとしました。また、その場面には私とその子どもの二人だけではなく、周囲の子どもたちや担任の先生も登場しています。この場面のストーリーに必要な人たちが登場するように記述して描き出さないと、この場面の関係性がみえてこないと考えるからです。

　また、エピソードの記述には、行動レベルの記述だけではなく、内面の記述も積極的に行うようにしました。内面の記述とは、関わり手である私の心情の言語化であると共に、登場した子どもの心情の推察の両方を含んでいます。よく、子どもとの関わりの記録は客観的にすべきだという主張を耳にするのですが、ここでは、積極的に主観的な記述を行っています。これは、その場の関係性は、行動レベルの記述だけではわからず、そこにいる人たちの内面をみなければわからないと考えるからなのです。

　このようにエピソードを記述する、語るということは単なる体験談とは異なります。先述してきたことを意識しながら、何か伝えたいメッセージを有しているもの。それがエピソードだと思います。

　このようなエピソードは、さまざまな人や環境との関係の中で生じた「集団の中の個」の物語を紡ぎ出せる可能性があります。

3. 関係性と合理的配慮

　インクルーシブ教育システムを進め、共生社会の形成基盤をつくるためには、合理的配慮を提供していくことが重要になります。合理的配慮とは、障害のある子どもが、他の子どもと平等に「教育を受ける権利」を享有・行使することを確保するために、学校の設置者及び学校が必要かつ適当な変更・調整を行うことであり、障害のある子どもに対し、その状況に応じて、「学校教育を受ける場合に個別に必要とされるもの」である。中央教育審議会報告では「一人一人の障害の状態や教育的ニーズに応じて決定されるもの」だと示されています。つまり、置かれている物理的及び人的環境の状況等も踏まえて検討していくべき、個別性の高いものなのです。これは、非常に重要な点です。

　このような障害のある子どもには、この「合理的配慮」を提供するのだ……的な発想は間違っていると思います。それぞれの「個」に応じて、その必要な内容について「対話」しながら一緒に検討していくことが重要です。

　私は、学校において合理的配慮を提供する前提として、

　・子どもとの関係づくり

　・子ども同士の関係づくり

　　　　　　↓

　　　親和的な集団づくり

があると考えています。

　先述してきたように、学校現場における個とは「集団の中の個」

です。それゆえ、集団の安定の中でこそ、個に応じてなされる「支援」も効果的であることは、これまでの多くの特別支援教育の実践検討によって明らかにされてきました。「合理的配慮」の提供に関しても、この構造は同様です。したがって、まず考えるべきこととして、関係づくりが重要なのです。

　研究仲間である木下由布子氏は、示された課題などが少しでも難しい、できないかも……と感じると、それに挑戦できなくなる子どもたちに対して、次のような試みをしていると教えてくれました。それは、難しいなと思ったときに、

　「教えて」

と近くの人に尋ねるという、実にシンプルなことでした。

　いえ、もちろん、これは言うは易しであり、実際にそれを子どもたちができるようになるためには、細やかなそして、粘り強いやりとりが必要なことは言うまでもありません。しかし、ある子どもはそれまでは、少しでも難しいと感じた課題に対しては、捨てる、投げる、自分が立ち上がって逃げていくといった姿を頻繁にみせていたそうです。しかし、すぐに捨てたり逃げたりしなくても「大丈夫」であるという安心感が生じることで、次第に授業に参加するようになったと言います。

　また、教室から出ることもどんどん減っていったようです。そこには「できなくても（できそうになくても）大丈夫」という安心感が重要だったのでしょう。そして、その安心感を、人人の支援（配慮）によってだけではなく、周囲の子どもたちとの関係によってつくっていったことが大きく影響していたと話してくれました。それは、クラスには、苦戦している子どもたちが複数おり、教師だけですべての子どもたちの「安心感」はつくれないことが

あるという状況によるものでした。

　もちろん、このように子どもたちが不安にならないために、あらかじめできる工夫を行うことは重要です。教室環境を整えたり、課題を出す量や順番を工夫したりするといった環境調整や指導技術の向上など、子どもの集団全体に対するアプローチを行っていく必要はあります。また、個別課題の検討やできないときの対処についての見通しを個別に示すといった個に応じたアプローチを行っていく必要もあるのです。しかし、ここではそれだけではなく、集団の中の関係性が苦戦する子どもを支えていくという歴然たる事実についても重要だと考えているのです。

　また、木下氏は次のような実践も教えてくれました。

　自分のもっている見通しから外れたり、自分のイメージと異なることが起きると、イライラして怒ったり暴れたりしている子どもがいたときのことです。その際、そのクラス全体に対して、

　「みんなはイライラしたときにどうしているの？」

と投げかけたと言います。小学校低学年のクラスでしたが、

　「深呼吸をする」

　「１、２、３と数字を数える」

などと発表し、実演もしてくれたそうです。

　そのとき、イライラしたり暴れたりしがちな子どもは、黙って腰かけていたと言います。何かを発言するでもなく、しかし教室から出ることもなく、そこにいたそうです。

　この授業が終わってから数日たって、その子どもが明らかにイライラした感じで休憩時間の教室にいたときのことです。先生が、

　「イライラしているの？」

と尋ねると

「してる！」

とのこと。そして、

「そっとしておいて。絵を描いていると落ち着いてくるから！」

と言ったそうです。先生は、

「わかった」

と伝えてから、周囲の子どもたちにそれを伝えたそうです。周囲の子どもたちはそれを了解し、そっとしておいてくれたのだというエピソードをきかせていただいたことがありました。

　この際、クラス全体に対して授業をした木下氏の意図は何だったのでしょうか。

　一つめには、直接的にその話をイライラしがちな子どもにするよりも、全体に対して話すことでその子どもとの間に「心理的な距離」が置けるというねらいがあったのだと思います。「心理的な距離」は重要で、その距離を詰めすぎることで、子どもがかかわりを受け止めにくくなってしまうことがあるわけです。

　また二つめには、周囲の子どもたちの理解を促すというねらいがあったように思えます。いや、これは理解というよりも共感を促すという言い方のほうがいいのかもしれません。

「○○ちゃんは、イライラしたときはこのようにします。気をつけましょう」

的な話とは似て非なる取り組みだからです。そうではなくて、一人ひとりが自分自身のこととして考え、それを基盤にして友達の姿をみつめられるようにしているところに木下氏のねらいを感じるからです。

　私の研究室では、近年、「交流および共同学習」についての研究

に取り組むゼミ生が続いています。その中で、唐川真帆さんによる重度の脳性麻痺のある生徒の保護者へのインタビュー研究について紹介します。

　その生徒は、幼児期から地域の保育園、小・中学校に通っていましたが、保護者の方はインタビューを通して、周囲の子どもたちとの自然な関係と日々の生活を語られました。その中で、自分では鼻水やよだれが拭けない彼の近くにおいてあるティッシュペーパーの話がありました。彼の周囲の子どもたちが、気づくとあまりにも自然に拭いてくれる様子が語られたのです。不思議に思われたのでしょうか、お母さんは周囲の子どもたちに、どうして拭いてくれるのか、汚いでしょうと尋ねたそうです。すると子どもたちが、

　「だって鼻水出てるから……。」

　「自分でできないから……。」

とあっさり答えたという話がありました。これは、尋ねられた子どもたちにしてみれば、一緒に生活しているから、できないことがあれば手伝ったり、行ったりしているだけであり、それをなぜしているのかと尋ねられても答えようがないというニュアンスを感じる話だと思うのです。

　過日、ある方々と合理的配慮について談笑している際に、

　「周囲の子どもたちに手伝わせて、それで合理的配慮が必要ではないということにはならない」

という話をききました。

　このような話は、文脈を丁寧に押さえながら話す必要性があります。「手伝わせて」ということばが、その文脈を決定づけていくキーワードかもしれません。先述の報告によると、周囲の子どもたちは先生から特に何も言われていないと答えていたからです。

つまり教師の指示、指導で「鼻水を拭かされて」いるのではなかったということです。そうではなくて、一緒にいる友達として自然に行っていると考えられたのでした。お母さんの話によると、まったく拭いてくれない子どもたちもいたということでした。そして、その子どもたちを悪いと捉えていないことは言うまでもありません。

つまり、周囲の友達が合理的配慮を提供しているという文脈ではないということを押さえておく必要があるのです。その上で、子どもたち同士の関係性の中で生じている行動が、結果的に、彼に学校場面で必要な合理的配慮の内容を少なくしているとは言えるのだと思います。

これは、見方を変えれば ICF の考え方で障害を捉えるとも言えるでしょう。

ICF は WHO（世界保健機構）が人間の生活機能と障害を記述する「共通言語」とするため2001年に発表した国際生活機能分類のことです。このモデルでは「生活機能」は「健康状態」に影響され、また一方では「環境因子」に影響されると捉えることができるとされています。これにより ICF は人間と環境との相互作用モデルと言われています。

このモデルで考えれば、周囲の子どもたちは明らかに「環境要因」であり、その要因によって、彼自身の鼻水を取るという「活動」困難が軽減していると考えられると思います。しかし、その「環境要因」は、提供された合理的配慮として捉えるべきではないということなのです。

ここまで具体的な例を出しながら関係性と合理的配慮について

考えてきました。

　ここで、この問題について述べたのは、岩瀬直樹さんの実践を読み解く際に、この視点が重要ではないかと考えたからでした。

**　何か困ったときに、周りに、ちょっと困ったと言えること。**
**　何か困ったときに、助けてもらえるという安心感があること。**
**　何か困っているような人がいたときに、「どうしたのかな？」と思えること。**

　こういった素朴な感覚の中で、障害のある子どもだけではなくて、すべての一人ひとりの子どもたちが大切にされ、育っていくのだと思うのです。

　以上、インクルーシブ教育を進める際の根幹の考え方、すなわちインクルーシブ発想について検討してきました。ここでは、

　　・つなぐ・つながるということ
　　・集団の中の個
　　・一人ひとりの個を大切にする

という三つの柱を抽出して考えを進めてきました。

　しかし、小学校における、さらに具体的な実践レベルでは、これらはどのように考えていけるのでしょうか。そこで、本書では岩瀬さんと一緒に考えを進め深めていくことにしました。29頁で示したように、岩瀬さんは元小学校の教員です。その実践は、現行法定内の公立小学校においてなされたものです。しかし、その内容は斬新かつ先進的です。「つなぐ・つながる」すべての子どもたちを対象と考え、その多様性と個別性を前提とした教育を指向

してきた実践の一つであると言えるものです。

　第1章の最後に、岩瀬実践が私たちに問いかけているものを若干整理してみたいと思います。それを基に、第2章以降で、通常の学級で指導する教員にとってインクルーシブ教育を進めていく際の根幹の考え方や在り様を深めていけるようにしたいと思います。

4. 岩瀬実践は私たちに何を問うているのか

　岩瀬直樹さんの実践については、29～40頁で大まかなデザインを示しています。ここでは、インクルーシブ教育を進める際の根幹の考え方に関連することとして、その実践を三つの視点から述べてみたいと思います。

（1）個別性

　岩瀬さんは、1学期の初期段階から、「作家の時間（ライティング・ワークショップ）」（34頁参照）を行っているようです。これは、教室のどこで学習してもよいという学習場所の自由度の高さがある実践です。もちろんすべての時間ではありませんし、全体としてみればわずかな時間かもしれませんが、自分で選ぶことができ、自分のペースで取り組めることができる時間があるというメッセージが子どもたちに送られているのだと思います。

　しかし、もちろん何をしてもよいという、無統制の自由ではありません。つまりは、ある種の緩やかな統制の中での自由度の高さが、ある子どもたちには「安心感」を生み出している。そのようにも思えるのです。この「安心感」は、前節で述べた「安心感」

とは異なる安心感でしょう。前節では、どちらかというと自由度の低さと孤立させないことが安心感を生み出していた印象がありました。ここでは、それとは逆のことが安心感を生み出している、そのような印象を抱きました。

　また「会社活動」（31頁参照）では、どの子どもも自分の好きなこと、モノを持ち込み、それにこだわってよいというメッセージが送られているようです。「単元内自由進度学習」（38頁参照）や「自立チャレンジタイム」（38頁参照）もまさに、一人ひとりの学びのペースは異なっている前提での実践です。

　つまり、これらの取り組みから考えられることとして、とにかく一人ひとりの子どもをわかろう、理解しようとする姿勢が明確に示されているのだと思います。そして、一人ひとりの学びのペース、こだわりを大切にしようとする姿勢が色濃く表れているのだと思うのです。これを、ここでは「個別性」と表現してみました。

　インクルーシブ教育というと、包括的であること、つまり「一緒」であるというイメージが強いかもしれません。しかし、岩瀬実践が根幹に示すものは「個別性」であり、一人ひとりのすべての子にとっての育ちを考えるということではないか。そのようなことを思うのです。

（2）緩やかな協同性

　（1）では「個別性」を指摘しました。しかし、やはり氏の実践において、協同性は欠かせない視点だと思います。

　例えば、PA（プロジェクトアドベンチャー）（30〜31頁参照）も学年の初期から実践されているようです。PAは、活動（さまざまなアクティビティ）の中で、自然といろいろな人と関わる場が

つくりやすいのかもしれません。あまりにも協同性が強い取り組みだと、そのことが「安心感」を阻害してしまうことになる子どもたちもいるのだと思います。しかし、自然といろいろな人とかかわる体験を行っていると思われる氏の実践は、絶妙な人との距離感に支えられているものかもしれません。それをここでは「緩やかな協同性」と表現してみました。

　私は特別支援教育の弱点を、つなぐ、つながる力の弱さだと指摘しました（前掲『インクルーシブ教育ってどんな教育？』）。そして、インクルーシブな教育を進めていく際の考え方を「インクルーシブ発想」だとしたうえで、さまざまな取り組みの中に、つなぐ、つながるという視点があるかどうかを重視するのだと考えてきました。

　しかし、岩瀬実践の示すインクルーシブ教育の根幹の考え方は、緩やかな協同性と個別性の両方のバランスだと言えるのかもしれません。

（3）技術的側面

　『みんなのきょうしつ』（岩瀬直樹・中川綾著、学事出版）を拝読すると、意図的に書いていないのではないかと思えることがあります。それは、恐らくはさまざまなところで岩瀬さんがかかわったであろう、細やかなやり取り部分の記述がないことです。

　例えば22頁に、

「わからないところがあったら、どんどん友だちに聞いてみよう。わからな

いことを『わからない』って言えることが大切だと思うから。友だちの力も借りて、わかるようになるまでチャレンジしてみよう」という記述があります。認知の偏りがある子どもたちの中に「わからないこと＝×」といった捉え方をしてしまう、いえ、その捉え方から拡げられていない子どもたちがいる可能性があるでしょう。それ以外にも、恐らく岩瀬さんは、単に関係性だけで実践をしていないと思えるのです。

　そこには、教育技術に支えられた細やかなやりとり、かかわりもあるのだと思います。特に年度初めの初期的な実践については、そのあたりの細かな部分も紐解いていく必要があるでしょう。ここでは、それらを大きくとらえて「技術的側面」と表現してみました。

　以上、「個別性」「緩やかな協同性」「技術的側面」の三つの視点を指摘しました。最後に、これら三つに共通していると思われることを述べて、この章を閉じたいと思います。

　それは、氏の実践が「予定不調和」とでも呼べる、試行錯誤の連続の中で行われているものだということです。もちろん、単なる自由度の高い実践とは違います。先述したように、緩やかな構造の中での自由度の高さと試行錯誤の連続性の中で生じているものだと思うのです。そして、これは、今の特別支援教育によくみられる（と思える）間違いのない教育、つまりはエラーレスの教育とは異なるものであると言えるでしょう。ここに、私は大きなポイントがあるように考えました。

　インクルーシブ教育の根幹の考え方と試行錯誤の教育は、いかなる関係にあるのでしょう。次章以降で、それが解き明かされることを楽しみに進めてみたいと思います。

岩瀬直樹実践の概要

　岩瀬直樹さんは、22歳で教師となり44歳まで公立小学校の現場から、さまざまな実践を発信されてきました。ここでは、30代半ばから実践されている8つの実践について紹介します。
　ここで紹介する岩瀬さんの実践の共通点は、「学習者主体」だということ。岩瀬さんのことばを借りれば、「学びのコントローラーは学習者自身が持つ」ということ。そんな岩瀬さんの実践は、若手からベテランまで多くの教育関係者を魅了してやみません。

岩瀬直樹：1970年北海道生まれ。東京学芸大学大学院教育学研究科修士課程修了。元埼玉県公立小学校教諭。東京学芸大学教職大学院准教授を経て現在は、学校法人軽井沢風越学園校長、軽井沢風越幼稚園園長。

1 教室リフォームプロジェクト

　岩瀬学級は毎年、教室リフォームからはじまります。みんながそれぞれに暮らしやすいように、机や椅子の配置を考えたり、棚を設置したり、畳敷きの図書コーナーをつくったり……。教室は、1年間30数人の子どもたちと先生が共に暮らす場所。みんなにとって暮らしやすいように、学びやすいように、自分たちの手で環境をつくっていくのです。自分たちの学校生活にオーナーシップ（当事者意識）をもつための大切な活動です。

　さらに詳しく知りたい方は、『クラスづくりの極意』（岩瀬直樹著、農文協）、前掲『みんなのきょうしつ』等を参照ください。

2 プロジェクトアドベンチャー（PA）

3 会社活動

給食当番や掃除当番など、学校生活の中でなくてはならない仕事だけど一つ間違えば、やらされ仕事になってしまいそうな係活動……。そんな係活動に対して、クラスや学校のみんなにとって役に立つ、楽しい活動が「会社活動」です。

畑で野菜をつくって収穫する農園会社やクラスに必要なものをつくる大工会社など、これも学校生活に当事者意識をもち、自分たちで楽しく暮らしやすくするための活動の一つ。学期はじめに内容や担当を決めます。

さらに詳しく知りたい方は、前掲『クラスづくりの極意』等を参照ください。

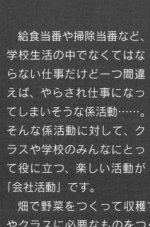

チームでの冒険活動（アクティビティ）を通して、失敗と成功を繰り返し、信頼関係、自分や相手を尊重する態度等を育てるプログラム。「エッグシェルター」「納豆川渡り」など、さまざまなアクティビティが開発されていますが、どれも仲間とのコミュニケーションが肝となります。岩瀬学級では、学期はじめによく行われていました。

さらに詳しく知りたい方は、プロジェクトアドベンチャージャパンのHP（http://www.pajapan.com/）をご覧ください。そちらにPA関係の書籍も多数紹介されています。

4 作家の時間（ライティング・ワークショップ）

教師によって決められたテーマで書く作文ではなく、子ども自身が書きたいテーマを自分で決めて、自分が書きたいように書くという本物の作家になる活動。

書く場所も自分で選び、友達にアドバイスやアイデアをもらいながら、自分のペースで書いていきます。

岩瀬学級では、年間の作文単元の時間を割り振り、週に1、2時間をこの時間に充てていました。

さらに詳しく知りたい方は、『作家の時間』（プロジェクトワークショップ編、新評論）等を参照ください。

5 振り返りジャーナル

日々の出来事を振り返り、記録するノート（B5サイズの半裁）。

子どもたちは、「イワセンへ」（岩瀬先生の教室での呼称）といった書き出しで、先生に向けて手紙を出すような気持ちで、その日の学びや出来事、思ったこと、感じたことなどを自分の中で振り返りながら、ノートに書きます。

6 ブッククラブ（リーディング・ワークショップ）

　クラス全員またはグループで同じ本を読み、話し合う学び。

　一気に読むのではなく、1冊を数回に分けて読みます。子どもたちは週に1度の話し合いまでに決められた範囲を読み、仲間と話し合いたい内容を読書ノートに書いておきます。

　後日、「あの主人公って〜だよね」「この場面は、伏線になっているよね」等、仲間との話し合いによって、読みを深めていきます。

　本を読むこと、それを仲間と共有することの楽しさを存分に味わえる活動です。

　さらに詳しく知りたい方は、『リーディング・ワークショップ』（ルーシー・カルキンズ著、新評論）、前掲『みんなのきょうしつ』を参照ください。

　先生と子ども、一人ひとりをつなぐ、大事なツールでもあります。

　さらに詳しく知りたい方は、『「振り返りジャーナル」で子どもとつながるクラス運営』（岩瀬直樹・ちょんせいこ著、ナツメ社）等を参照ください。

7 単元内自由進度学習

　子どもたちが各教科の単元内の学習をそれぞれの理解度に合わせて、それぞれの進度で進めていく学習スタイル。

　上越教育大学の西川純さんの『学び合い』に基づく実践で、友達と一緒に学ぶ子、一人で学ぶ子など、自分が一番学びやすい方法と場所を選択して学習を進めていきます。

　岩瀬学級では、主に算数、理科の時間で行われていました。

　さらに詳しく知りたい方は、前掲『みんなのきょうしつ』等を参照ください。

8 自立チャレンジタイム（学習の個別化の時間）

　単元内自由進度学習の発展系のような実践。子どもたちは、各々の学習計画表をもとに、漢字学習や各教科のテスト勉強、算数の問題集、読書など、みんなそれぞれに違うことをやっている学び合いの時間です。

時数は、45分の授業を15分に区切って行うモジュール授業のような形で捻出しています。

　オランダ・イエナプランの「ブロックアワー」に発想を得ていて、岩瀬学級では、週2、3時間をこの時間に充てていました。

　さらに詳しく知りたい方は、「公立学校だからこそ、「学習の個別化」を」『授業づくりネットワークNo.19 格差と授業。』（学事出版）、前掲『みんなのきょうしつ』等を参照ください。

以上、８つの実践は、インクルーシブ教育の実践について考えていく上で、とても示唆的です。

　次の第２章では、青山新吾さんと岩瀬直樹さんの対談から、これらの実践の背景や意図等、インクルーシブ教育を考える、実践する上で重要な観点が浮き彫りになっていきます。

第2章
インクルーシブ教育を どう実践すればいいのか

(対談)

青山新吾×岩瀬直樹

4月の最初に「教室リフォームプロジェクト」を
行う理由

青山　岩瀬さんの実践の中で、「教室リフォームプロジェクト」
（30頁参照）ってあるじゃないですか。『みんなのきょうしつ』で
は、以下のように、書かれていました。

　「自分たちで空間をデザインしてもいいんだ。それを子どもた
ちと一緒にやれば、彼らのオーナーシップを育むこともできる。」
（「４月10日　自分たちの教室は自分たちでつくる」（26頁））

　これを読んでね、「ああ、そうだよね」って共感したのですが、
僕がこれまで付き合ってきた子どもたちの姿に当てはめて考えて
みると、こういう自由度の高さが裏目に出る子も当然いますから、
その子たちにとっては、どうだろう……といった印象も受けまし
た。ただ、すべて同じようにしなくても、学校生活を営めるんだ
とその子たちが認知していけば、自由度そのものが、行動パター
ンとして形成されていきますので、「この教室では自由にしても
ＯＫなんだ」というように子どもの認知構造が変わるという部分
もあるのかなと思って読んでいました。でもだとすると、どうや
って変わっていったのだろう？　多分、中にいたから変わってい
ったんだと、それは十分に想像できるのですが、気になるあの子
（仮名：ユウキさん　＊以下、子どもの名前はすべて仮名）がそう
いった自由度の高さの中でも生き生きと生活し、成長できていっ
た物語の理由は何なのでしょう？

岩瀬　ユウキさんは、僕が勤務していた学校に４年生で転入して
きたのですが、キレやすく、教室に居るのが困難で１日中保健室

に居ることが多くなっていました。それで5年生から僕が担任することになりました。4月の最初に、クラスのみんなで行うアクティビティが「プロジェクトアドベンチャー（以下、PA）」（30〜31頁参照）のようなコミュニケーションや課題解決を中心に据えた活動だと、多分、ユウキさんは感情のコントロールが難しくなり失敗体験をしてしまう可能性が極めて高いと考えましたので、「まずは『教室リフォームプロジェクト』の中でユウキさんがどんな行動をするのかみてみよう」と思ったんです。

　すると、ユウキさんはとにかく「やってみたい！」という気持ちが強い。リフォームを始めると、やりたいことがあふれてくるから、あちらこちらに行って、とにかく思いついたことをやってみるんです。結果として人がやっていることを断りもなく奪っちゃったりもする。それでそれを他者に咎められると怒るわけです。なるほど、「ユウキさんにはやりたいことがあって、それを止められるようなことを言われるとキレるんだ」とわかりました。

　そこで、まずはとにかく僕がユウキさんの側につねにいて、僕がユウキさんに仕事を依頼したり、活動にも気持ちよく参加できた、貢献できた、ということを体験することで、今度の教室は自分の居場所があるらしいということを実感できたらいいなと思いました。まずはユウキさんがキレるタイミングをつくらないように、教室を出ていくタイミングをつくらないようにしよう、と思っていました。キレるタイミングというのは、きっと日常のどの場面にもあることで、本人の「やりたい」と、他者の「こうやるんだよ」という言葉や気持ちとのズレが起こると、カッとなって教室から出て行くというのは、容易に想像できますから、いい悪いじゃないんですよね。

また、特に４月に関していえば、無用な失敗体験を積まないことが、どの子にとっても大事だと思っています。人間関係は短期間でグッとよくなったりはしません。８年なり９年なりのこれまでの積み重ねがそれぞれにあるわけですから、魔法のように数日間で関係性が劇的によくなるということはありえません。ですから、まずは「今年の自分、今年のクラスはけっこう悪くないぞ」という体験を４月の最初の段階で積めることが大切です。

青山　自由度を高めると、「自由に動きたい！」という気持ちに沿うことになりますので、ユウキさんがそのように動くのは容易に想像できます。多分、専門家がその要因分析をしますと、情報の統合が上手くないからとか、刺激に対する反応性の過敏だとか、そういった話になってしまうんでしょう。それが今の特別支援教育の王道の分析法みたいになっているような気がします。確かにそうなのかもしれませんが、教育の現場ではいろいろな子どもたちがいて、さまざまなことが勃発しますよね。そして、自分の意図と外れたときのセルフコントロールを学んできていない子は、そこでアウトになってしまい、キレたり、トラブルが起きてしまいます。今まさに、岩瀬さんが僕の考えていることと同じことをおっしゃったので、やっぱりなぁと思いました。

　僕が「距離の法則」だと講演などで言っているのは、気になる子との距離感です。気になる場合には、距離を寄せておかないといけないですし、何か起きそうになったら、起きる前にブロックしなくてはいけないということです。それは環境設定でできる場合もありますし、人的介入でできる場合もあります。そうしたことが、子どもとのつきあいにおける初期段階では必要なんです。それをやっておかないと、無用な失敗体験につながるのは目にみ

えているわけです。そのことと岩瀬さんが今おっしゃったことは
完全にかぶっているんです。また、当たり前ですが、岩瀬さんは
クラスという集団でとらえていらっしゃるので、その子だけをみ
ているわけじゃないという話の構造の中で、ユウキさんの話をし
てくださっていますので、とても腑に落ちます。さらにいえば、
個の部分の繊細な面がみえない人が集団性だけで考えてこの実践
をやっていたら、ユウキさんのような子は暴れてしまうかもしれ
ません。そうなると、暴れたという事実だけが取り上げられてし
まいますから、どこかの専門家から、「特別支援のことがまったく
わかっていませんね」などと言われたりするわけです。岩瀬さん
のやってらっしゃることは、そうしたこととは違うだろうな、集
団と個の両面からアプローチされている、もっと細やかなものだ
ろうなと思いながら、ご著書等を読んでいましたので、やはりそ
うかと今、ホッとしているところです。

「作家の時間」で子どもたちをみる、
「PA」で人間関係を混ぜる

岩瀬 『みんなのきょうしつ』で描いたクラスは全員で29名なの
ですが、他のメンバーも「不安もたくさんあるけれど、期待も大
きい」という心情で４月を迎えていたと思います。昨年までユウ
キさんが大暴れしていたのも知っていますので、最初に教室に入
ったときはきっと、ゲーッと思った子もいたはずです。前任の先
生は、ユウキさんに掛かりっきりだったようですから、他の子た
ちは自分の承認欲求が満たされず、余計にユウキさんへの攻撃も
強まっていたんだと推測しています。ですから、スタートのとき

に、「今年のクラスでは変わりそうだ」というポジティブな予感を
もてるというのは、ユウキさんに限らず他の28名にとっても大事
なことだったんです。

　また、「教室リフォームプロジェクト」の他には、「会社活動」
（31頁参照）も大切にしています。「会社活動」を始めると、それ
ぞれのこだわりがみえてきます。そのこだわりをここのコミュニ
ティでは出していいんだということを、できるだけ早く子どもた
ちに感じてもらいたいんです。生き物が好きなら、それにこだわ
ってもいいし、裁縫が好きなら、そのことを堂々と表明してもい
いし、と。ユウキさんだけが自分の好きなことを持ち込んでいる
のではなく、自分たちも持ち込んでいいんだと、ある意味、公平
性みたいなことを大事にしながらやっていましたね。

青山　そうなんですよね、ユウキさんだけではなく、周りの子ど
もたちもみんな、ある意味大変な状況を今まで経験してきている
んですよね。だから、少しでも明るい見通しがもてることが大切
になるんですよね。

岩瀬　はい。それで、１学期の初期から「作家の時間（ライティ
ング・ワークショップ）」（34頁参照）に取り組み始めたんです。
始めるときに意識したのは、「自分のペース、自分のこだわりでや
れる時間がこの教室にはある」と実感できることでした。それは、
ユウキさんにとっても他の子にとっても大事なメッセージにもな
るんです。「作家の時間」で大事にしていることの一つは、「自分
が集中して作家の仕事ができる場所を自分で探しましょう」とい
うことです。ユウキさんは、教室の隅っこに机をガーッと持って
行って、そこでやり始めました。ユウキさんは過刺激、つまり人
に何か言われることがとても苦手だったので、よい選択だなと思

いました。「作家の時間」は基本的に途中で立ち上がって何かを取りにいくのも自由です。そうした授業が1日の中で1時間でも2時間でもあれば、少なくともその時間は安定的に学べる。この小さな成功体験の積み重ねみたいなものがユウキさんにはもちろん他の子たちにもあるということが大事なんです。そうすると、周りの子どもたちのユウキさんに対する見方が、「あれ、昨年とは違うよね」とか「あれ、座って勉強できるじゃん」とか「キレずにいられるじゃん」というように変わっていきます。また同時に僕は、他の子たちはどんな子たちなのかなと、観察しているわけですが、「作家の時間」では、みる時間が増えるので、それぞれの子どもたちの特性、どんなことで困っているのか、今できていることは何か、何が得意なのか、何に情熱があるのか、などを眺め続ける時間に当てることができます。メタ的に場や関係性をみつつ、個人をみる時間が日常的にあることは教師にとって非常に重要です。そんな時間が4月の始めにあると、それ以降の作戦を練りやすいんです。お互いの違いを知り合い、その上でなんとかうまくやれそうだ、自分も変わりそうだという期待をもてるようになる期間、そして僕にとっては、一人ひとりを知る大切な1ヶ月が4月ですね。

青山 なるほど。「昨年までと今年は違うよね」というのは、特別支援の文脈でもよく現場できこえてくる言葉です。周りの子どもたちが、ユウキさんに対して何を思うようになって、ユウキさんにどんなメッセージが送られたかが重要なんですよね。そこでの方法はゲームであっても学習であっても、係活動でもなんであってもそこに共通項はあるんです。子どもができるかもしれないと思えて、でも、必ずこうしなければいけない！　と言われている

わけでもないという絶妙な距離感、そこがポイントのような気がします。

岩瀬　それから、PAもできるだけ早いうちにやりますね。PAは、メンバーをアクティビティを通してシャッフルしやすいんですよ。「うっかり協力してしまったという体験」も起こりやすいので、多様な人間関係の中で小さな成功体験を積むことができます。とにかく、メンバー（人間関係）を混ぜて（リワイヤリング*1）、4月の終わり頃には、ふと気づいたら、クラス全員と緩やかにつながっている（緩やかな協同性）という状況が生まれるといいなと思っていますし、その状況をつくるためのプログラムとして、PAはとても力強いものだと考えています。

　これは僕の娘が小学1、2年生の頃の話ですが、娘が家で学校のことを話すのに、クラスの子の名前は一人か二人しか出てこなかったんですね。つまり、その限られた子としか娘は学校でコミュニケーションを取っていないということです。その二人の子と娘は、休み時間もトイレも放課後も一緒で、他の子たちとは給食のときに少し喋るくらい。あとはほとんどコミュニケーションを取っていないのです。これは決して娘が特殊なのではなくて、多くの教室で今、このようなコミュニケーションの偏りが起こっているのではないか、と考えています。学校には、せっかく多様なメンバーが集まっているのに、学校生活の中にお互いが違うんだということを知るチャンスもないわけです。「あいつは自分と合わない」という食わず嫌い的な状況もあるのではないでしょうか。

---

　*1　リワイヤリング（rewirring）：ネットワークのつなぎ直し。新元朗彦（2015）「自立を育てるネットワーク構築を導く指導」『ネットワーク論からみる新しい学級経営』ナカニシヤ出版。

ですから、とにかくいろいろな組み合わせで、まずは多様な人と関わってみる体験をしてみることが大切です。その結果、「一緒にやってみてとてもよかった！」ほどではなくても、せめて「そんなに悪くなかった」という思いを積み重ねられることが、学級のコミュニティをつくるポイントだと考えて実践していましたし、意識して混ざり、体験を積み重ねることで、「今年は、誰とでもそこそこやれそうだ」という実感をもってもらうこと、それが大事だと思っています。もちろん、その体験の上で「あの人とはある程度距離をあけて付き合おう」という選択はありです。

コンテンツだけ取り入れても意味がない

岩瀬　まあそれでも、ユウキさんは、しょっちゅう暴れるわけです。そんな簡単にはいきません。でも例えば、ユウキさんはとても力が強かったので、その力が発揮できるような役回りをお願いしたり、キレそうだなと感知したら僕がスッと出ていって、そうなる前にクールダウンする機会をつくったり、といったことを繰り返しました。すると、暴れる回数は確実に減っていきます。

　ユウキさん以外の子の事例もあげたいと思いますが、ナオミさんという子は、ユウキさんに最も厳しくて、一言ですぐにユウキさんがキレるスイッチを押せる子でした。そんなナオミさんは、自分だってやりたいこともあるのに、でも自分はクラスのみんなから認められていないといった承認欲求の満たされなさがユウキさんへの不満となって現れているようでした。でもナオミさんは、ほどなくして科学にはまり、「科学会社」をつくって教室で友達とあれこれ実験をしはじめました。すると、ユウキさんへの攻撃も

グッと減ったんです。おもしろいなぁと思いました。

　また、トモミさんはとても幼くきこえる話し方をする子でした。書字が苦手で、書くことに苦労していました。でも、家庭訪問に行って驚きました。家庭ではごく普通の言葉遣いなんです。「ああ、教室では意図的に『できない自分』を振る舞っていたんだな。いや、僕らがそうさせてきたんだな」と愕然としました。１年生から４年生まで、書字を求められるたびに失敗体験を積み重ねて傷ついていたんですね。そんなトモミさんは、生き物図鑑が大好きで、ボロボロになるまで読み込んだ図鑑を毎日、学校に持ってきていました。授業中もそれを眺めているといった感じです。

　それで、１学期のはじめのほうに「種の発芽」という理科の単元がありましたので、そこでトモミさんの「好き」を活かそうと考えました。単元の最初に、トモミさんに植物と種の絵本の読みきかせをしてもらうことにしたのです。そのために事前に、１週間ぐらい僕と二人で読みきかせの練習をしました。また同時に、他の子どもたちにはトモミさんの読みきかせの当日までに、いい聴き手になっていてほしかったので、日常的に僕が読みきかせをたくさんして、「読みきかせを聴くのは楽しい！」という身体感覚みたいなものを育むこともしました。きくこと、物語を共有することを通じてのコミュニティの文化づくりです。

　当日、トモミさんは白衣を着て「トモミ博士」として登場しました。最初は緊張していたのですが、クラスのみんなが一生懸命聴いてくれることに気をよくしたのか、練習ではなかったたくさんの解説を加えながら読みきかせをしはじめました。好きなことがあふれでたんですよ。それでその途中、うっかり「幼いモード」ではない、家での喋り方が出たんです。すると、周りの子たちも、

「あれ、いつもと喋り方が違う」と気がつきます。僕はこのシーンが好きで、今でも撮ってある動画をときどき見返します。そんな出来事の積み重ねで、トモミさんの振る舞いが変わってきました。トモミさんもまた、学校の中に、学習の中で、自分の居場所がある、自分の好きなことを持ってこられる場所がある、そう思えたんじゃないかなって思うんです。またトモミさんと僕は、理科談義もよくしましたね。教わることのほうが多かったですが。

　要は、「自分が確かに、ここにいる！」という実感みたいなことが、教室というコミュニティの中に積み重なっていくと、お互いに対する過刺激なコミュニケーションがグッと減るんです。まず自分がやりたいことがあって、周りもみえるようになると、関わりが緩やかになるといいますか、他人がやっていることに対しての過干渉が減っていきます。そのためには、やはり自分の学びに夢中になれる環境が重要ですし、それをつくる時期としても4月、5月は本当に大事です。

　他には国語で、お互いがお互いのことをインタビューして新聞記事にするといったこともよくやりましたね。29人全員が自分のことをきいてもらえるという体験が教室の中でできます。また、新聞になるので、自分の好きなこと、得意なこと、誇りに思っていること、などを他者と共有できるわけです。改めて自分を知り、他者を知る機会。一人ひとりは違うから面白い。でも違うけれど、自分と同じように好きなことを他者はもっている。そんなことを実感する機会になります。また、新聞記事を文集にして保護者とも共有し、ファンレターを書いてもらったりもします。保護者にとっても自分の子以外の子に関心をもてる機会になりますし、子どもにとっては自分の書いたもの、自分の記事にファンレターが

届くってうれしいんですよ。僕自身にとっても一人ひとりの個を知り、一人ひとりの個とつながる機会になります。そして、その子のことがみえてくると、ある場面でその子の声がききたいと思ったときには、その一言が出るまで待っていられるという感覚があるんです。若い頃、最後まで相手の言いたいことを丁寧にきくということを、僕はきちんとやってこなかった。「どうしてこんなことをやったの？」と問い詰め、言い分をきかなかったことも、恥ずかしながら一度や二度ではありません……僕らは、つい気になる子にフォーカスしてしまいがちですが、他の子どもたちもそれぞれのエピソードを生きています。教室に29人いたら、29通りの物語を紡いでいることを忘れないようにしたいんです。まあでも、「そこまで丁寧にやらなくていいのでは？　失敗体験も大事なのでは？」といった意見を言われることもありますし、その通りだとも思うのですが、教室は10年近くの歴史を背負ってきた子どもたちが、くじ引き等でたまたま集まった場です。まずは、小さな成功経験を積み重ね直すところからスタートしたい、そしてその先で、たっぷり試行錯誤と失敗の経験をしてほしい、だからそこに向かうための人としてのエネルギーみたいなものを取り戻す機会を最初はつくりたい、僕はそう思っています。

青山　いや〜、わかっていたつもりでも、改めてすごいです。若い人たちにも岩瀬ファンが多くて、僕も卒業生などに岩瀬さんの本等を紹介しているのですが、彼、彼女らと話していると、若いので技がないから、どうしても気になる子ではなく、クラスの他の子たちのことになると、一気に捉え方の精度が落ちるんです。多分、決定的に根本が違っているような気がします。一人ひとりの子どもたちをみていて、それがつながっていくというのが大前

提のはずなのに、若い人にはそうじゃない伝わり方をしているというのは身近でも感じます。

岩瀬 そうですね。「振り返りジャーナル」（34〜35頁参照）さえ書けばいいんだと、極端なことを言えばそうなってしまいがちです。個人のことを知ったり、つながったりするための手段に過ぎないのですが。ミニホワイトボードを使いさえすればいい、そうなってしまうんです。手段の目的化ですね。それは僕のこれまでの発信の仕方にも大きな問題があったと自覚しています。

　僕が「作家の時間」とか「ブッククラブ（リーディング・ワークショップ）」（35頁参照。以下、RW）が好きなのは、そこに個人の「好み」が出るからなんです。そうすると、一人ひとりの違いが、子ども同士にもわかりますし、私にもよくみえてくるんです。それぞれの違いをクラスの中で可視化できるというのが、「作家の時間」とRWの強みです。

　多くの一斉授業では、学ぶ内容、進むペース、教材が決まっていて、「みんな同じに学んでいく」というフィクションの上に成り立っています。でも本当は一人ひとり、情熱をもっていることも関心も学び方も違うんですよ。その違いを前提に学校での学び方をリデザインしたい、そう考えてやってきました。若い頃は、それを係活動や「会社活動」という学習外でつくろうとしていたのですが、メインの授業の中でもやれると気づいたのが大きかったですね。算数の授業ても、コミュニケーションを取っていたほうが学びやすい子と、ひたすら一人でやっていて、本当に困ったら聞くというほうが学びやすい子など、いろいろです。そうしたことを日々の授業の中で日常的に経験していくうちに子ども同士でもわかってくるんです。

青山　「教師のコントロール」ということ一つを取ってみても、それをできる限り外していくこと、それは絶対に大切なことなのですが、そこだけで理解してしまうと、間違えてしまうかもしれません。「教師のコントロール」というのは、子どもに言うことをきかせることではなくて、子どもが無用に失敗しないこととか、今までできていなかったことを少しずつ回復していくプロセスにおいては、成功させるために必要だという深さがあると思います。今まで自閉症といわれる子どもとのつきあいにおいて、「コントロールすることによって、子どもの状態を回復させないと次に進んでいくわけはないので、最初から自由を与えて、一人でやってごらんというやり方では子どもが崩壊する」と言ってきました。対象や場面、集団と個とかの違いはもちろんありますが、僕の中では根本的には岩瀬さんとそんなに違わないことを追究してきたのかなと思っています。そこの部分を考えることが少しはないと、いくら「作家の時間」をやりましょうと言っても、それは違うような気がします。一斉授業をやっていると、一人ひとりの子どもをみる時間が取りにくいですが、ある程度、自由な形態を取ることによって、そうした時間や自分が俯瞰的な立ち位置を確保できるということがありますよね。では、どうしてそうするのかですが、それは教師が楽だからではありません。どうしようもなく教室が荒れたとき、ある校長が取った一つの手段があります。それは、１ヶ月ほどだけ教務を専科的に入れて、担任はどうしても辛いときは職員室で子どもと距離を取って休めと。そうでないときは、教室の後ろから子どもたちをみなさいということでした。つまりそれは、集団としても個としてもみなさいということだったのです。自分が前に立つと、いっぱいいっぱいで、なおかつ子ど

もたちが反抗してきますので、なかなか子どもの様子がみえません。俯瞰的な立場でみるために人を入れるというのが、その校長の判断で、僕は100パーセント賛成だと言いました。ただ単に大変だからと助っ人として入れたのでは、1ヶ月経っても「そうか」という気づきが生まれません。結局、その場その場をしのぐだけで終わってしまいます。それも、今の話とどこか通じることがあるような気がします。つまり、いきなり「作家の時間」をやりましょう、ではなく、立ち位置を俯瞰的に取れるというのが本質であって、そのための手段だという構造的な捉え方ができないと、いくらコンテンツを広げていってもしょうがないんです。そんなことを今まで日本の学校教育では、たくさん繰り広げてきたんだと、そんな気がしてなりません。

岩瀬 そう考えると、年度の始めに、僕がPA等を大事にしていたのは、「立ち位置を俯瞰的に取るため」といえるわけですね。とくにPAは遊びの要素が強く、楽しいので、子どもたちはうっかり夢中になるんです。そうではない子も含めて俯瞰的にみていられます。そこが大事だなと今、お話をきいて改めて思いました。

　算数はいわゆる『学び合い』といえる授業で、「単元内自由進度学習」（38頁参照）で進めていたのですが、僕は全体を俯瞰しつつ、徹底的に個と、関わりをみる時間に当てていました。どの子がどこでつまずいているのか、どの子とどの子がどうやっているのか、どの子に聞きにいっているのかなどをみていたわけです。そして僕自身も介入していましたし、この子とこの子がつながるといいなと思ったら働きかけていましたし、僕が教えたほうがいいと判断したら、そうしていました。『学び合い』のセオリーからは外れているのかもしれませんが。

青山 『学び合い』の話が出ましたが、僕のゼミ生の卒業論文で「学習で苦戦している子どもは本当に『学び合い』で学べているのか」というテーマを取り上げました。（そのゼミ生は）さまざまな書籍に当たって、記述上、それが証明されているのかどうかという観点から整理しました。結論をいうと、「個としてどうだったかはほとんど記述されていないし、その子がどう学んだのかの記述もみつからなかった。どの子も学べると主張するならば、記述上、改善の余地がある。」となっていました。『学び合い』の中で本当は何が起こっているかは、記述ではわからない。一人ひとりの子にとって何が起こっているのかは、もっと読み解いていかなければならない、それがそのゼミ生の結論でした。問題意識は、岩瀬さんや僕と重なっているんです。

岩瀬 『学び合い』の考えを十全に発揮するためには、やはり一人ひとりをよくみる時間が必要だと僕は考えています。一人ひとりの学びを追ったからこそできたセオリーだとも考えています。

学校文化では ICF が不問にされている？

青山 講師等として呼ばれ、授業をみせていただいたあとに、どう思うかと聞かれることがあります。その依頼の意図は、一斉授業という形態についてどうか、それで、要支援の子がそこでやれるかやれないかについて何かを話してほしいということだと思います。こうしたことは、今の日本では山ほどあるでしょう。しかし、違うんですよ。もっと、一人ひとりの個をみることができる場をつくり、そこにプロも入って、その子を、その子と周囲の関係をどう思うかという話をしない限り、ここで話しているような

ことは実現しないんだと思います。そういう文化性はすごく弱い
です。いや、発想そのものが薄いのです。

　先日も「まずは先生方に話をしてもらえないか」ということで、
ある学校に行きました。学年替わりの時期で、引き継ぎについて
話をしたのですが、「子どもと先生はどんな関係だったのか、子ど
も同士はどういう関係だったのか」「それについての引き継ぎは
あるんですか」と二つほど何気なく聞きました。すると、それが
虚を突いたみたいです。もう一つは、「どんな集団でしたか」とい
うことも聞きました。それは、いい悪いではなく、こんな集団だ
ったということを引き継いでいますかという意図でした。すると、
先生方が三つともまったくないですし、あるとしたら、すごく気
になる子についてなら、そういう視点はありますとおっしゃった
んです。ただ、それもあの子はこういう子ですといった程度もの
です、と。要は、集団性の中で個人をみるという文化が少ないの
だと思います。

岩瀬　個人が集団の中でどのように振る舞うかは、関係性の中に
埋め込まれていることも大きいですよね。いつでも、どんな場面
でも同じように振る舞っているのではありませんから。関係性の
中で、その子のいろいろな面が浮き上がってくるはずなのに、そ
れを抜きにしてその子の特性として話すことが多いと感じます。
この子は、こういうタイプだから、こうしたほうがいいみたいな
感じです。しかし、それはこの環境だからそうなのであって、メ
ンバーが替われば、まったく違うということは語られません。そ
の学級集団がどうであるかは不問にしているといいますか、目を
つぶっているきらいがあると思います。

青山　学校教育のスタンダードでは、そうなっているんでしょう。

でも、かたや特別支援教育のベースには ICF の考え方というのが
スタンダードです。「特別支援学校学習指導要領　自立活動編」
に丁寧に明記されていますから。ICF の考えならば、環境要因と
か個人要因ということを丁寧に紐解いて捉えていくという障害観
に立っているはずです。しかし、それが学校の中、学級の中、授
業レベルでは ICF が不問にされているんです。大きなレベルで
は ICF の考えまで行っているのだから、もっと学級や授業レベル
にまで広げていく必要があると思っています。また、そう主張し
ていけばいいのかなとも考えています。岩瀬さんの実践も、まさ
にそうしたフレームの中で輝く最前線なのだろうと思うのです。

授業は同じように進むというのはフィクション

岩瀬　講義中心の一斉授業では、「みんな同じように進む」のが前
提なんです。それで同じにならないところに、どう手当てをする
かというスタンスになりがちです。でもそれはフィクションで、
内実は同じに進むはずがないんです。今日の授業のことは、もう
とっくにわかっている子、そのずいぶん手前でわからなくなって
いる子が一定数、教室にはいるんですよね。なのにそれは「ない」
ことにするわけです。そのフィクション性を手放すと成立しなく
なってしまうからです。例えば、UD の文脈で「教室の前面は刺
激のないものにしましょう」ということがあります。一定そうか
もしれませんが、そもそもの授業を疑っていないんです。そこに
は、なぜみんな前を向いて学習しているのかという疑問もありま
せん。グループの形にしたとたんに、教室の前面はみなくなりま
す。すると、今度は教室の側面のほうが刺激が強いかもしれませ

ん。そもそもグループでの学びに没頭したら、壁なんてみていないかも知れませんよ。また、その子にとって意味のある掲示なら過刺激にはなり得ないでしょう。むしろ学びをつなぐものとして存在するはずです。 でも、教室における当たり前を問い直すのは簡単そうで難しいんです。ほとんどの人が被教育者として体験してきたことですから。それを問い直すためには、まずは一人ひとりの個を理解しようとすることです。同じ授業をしていても一人ひとりに起きていることはまったく違うというところからスタートしたいと思います。そして、違うから個別化して分けていきましょうという単純な話ではなくて、違うを前提に、だからこそつながってやれることがあるんだという見方です。30人いたら一人ひとりの違いに教師一人で対応するのは物理的に無理です。でも、違う30人がそれぞれサポートし合って関わる、つまり「違うけれど、つながる」というアプローチができれば、今までの学校とは別のことができるのでは、と思っています。

　では、どうやってつながるのがいいのか。それは、関係性を考え直していくことが大事だと思っています。僕も以前は、直接的な子ども同士の関係性にばかり目がいっていました。どうやったら、この子とこの子が仲良くなれるかといったような。でも、それはどうも違うなと気づいたのは、事柄を介して関係性をつくるといいますか、そんな場面をみることが増えてきたからです。例えば、算数なら算数を介して関係性が築かれるわけで、「作家の時間」、RW もそれぞれが目指していること、チャレンジしていることを介して、結果として関係性がそこにつくられていく。多様な事柄の積み重ねで網の目が増えていくような形ですね。僕がいろいろなメンバーが混ざり、人間関係の流動性を高めて、同質性か

ら離れられるようにすることを意識しているのも、そうすることで今までのズブズブの人間関係とは違うものが学校の中で立ち現れてくること、それがきっと学校で学ぶことの意味だと思っているからです。「緩やかな協同性の中で必要に応じてつながる」。そんな時間の日常化ではないでしょうか。

　例えば、ユウキさんと直接関係をもつのは最初はみんな恐いわけです。いつキレるかわからないので。でも例えば、教室リフォームのように何かの目的に向かって一緒にやるというのは可能です。一緒に何かをつくっていくプロセスの中では、その目的をユウキさんも他の子も達成したいという気持ちが高まるので、なんとか折り合いをつけたくなります。それぞれが自分の関心やペースで学び、必要に応じてサポートし合う、という時間も同じぐらい、いやそれ以上に重要です。学びの個別化や「作家の時間」、RW はまさにそんな学び方です。良質な協同体験を積み重ねていき、その原体験みたいなものを一人ひとりの自分のペースの学び方に転化していけばいい。周りの人はきっと助けてくれるという体感があるから、必要に応じて助けを求めればいい、と安心して一人でいられる。そういうふうに変わっていくと、集団の関係性がそれまでのイメージとは違うものになっていくなという感じをもっています。ですから、僕が担任していたクラスは、後半になればなるほどバラバラ感は強いです。しかし、関係性が切れているわけではありません。とはいえ、僕の教師性が顔を出して、つい口を出してしまうことも多々ありました……。きっと自分の中にも根深い教師観とか学校観みたいなものがあるんでしょう。今でも「やっぱり、そこは一緒にやろうよ」みたいな気持ちがすごく出てきてしまうことがあるんです……。

青山 でも、そこの部分が完全に消えていないから、公立学校の中でできる実践として蓄積されている可能性があるように思います。特別支援教育の問題で言えば、僕としてはこれまでにもかなり指摘してきたことでもありますが、岩瀬さんの言葉を借りると、「今の特別支援教育は、子どもたちは同じように進んでいる、もしくは進めるはずであるという壮大なフィクションの中で、進めそうもない人にいい支援をすれば、みんな同じようにできるはずだから、いい支援を探してやってください」というストーリーの上に成り立っているような気がしてなりません。ですから、研修会等に行っても、そのストーリーの中で求められるのは、「どんな支援をすればみんな同じようにできますか」ということなのだと思うのです。しかし、おっしゃるように、そもそもそれはフィクションの世界にすぎないと思っている人からすると、ものすごく居心地が悪いんです。本来、特別支援教育というのはみんなが同じようにできるということではなくて、将来こうなれたらいいというロングライフの中で、今、何が必要か、ということを考えるのが本質だったはずなんです。でも、そもそも論としてこの本質が共有されないと、ここにいると困るから、あっちに行ってくださいとなってしまいます。こういったそもそも論を話したとしても、ほとんどの人は、「そんなことはどうでもよくて、フィクションの世界でもいいから、使えるアイテムを早く教えてくれ」となっている気がしてなりません。

　また、子どもたち同士がつながることで、わからない子もわかるようになっていくことはありますので、教えてあげようというようなことは、昔からグループ学習の中であったような気がします。例えば、友達が親身になって助けていくと、○○ちゃんは算

数ができるようになります、という文脈の中での実践としてです。しかし、それもやはり構造としてみると、みんなできるはずで、ごくまれにできない子もいるから、その子を見捨てないようにみんなの力で同じようにしてあげようという世界の中でしかなかったような気がします。ですから、それは、教える子と教えられる子の関係が強まったり、あの子はできない子だということを強化してしまったりする構造になってしまいます。しかし、岩瀬さんがなさっていることは、そうじゃないんですよね。「みんな同じようにできるよねフィクション」に乗っていないので、そこにとんでもない質的な差があります。それを少しずつ文化として、学校現場で共有できれば、もっといろいろなことができるのではないかという気がします。根本の部分の議論をせずに発信していくと、どうしてもコンテンツレベルにとどまってしまう。でもそれは違うだろうと思えて仕方ありません。

「表向きのストーリー」と「秘密のストーリー」を
リンクさせる

青山 僕は公立学校での教師時代は主に、通級で個別指導をやっていたのですが、岩瀬さんのお話を聞くと、すごく勇気づけられるんです。なぜかというと、通級業界でも僕のやっていたことは変だと思われていた気がするからです（笑）。僕は指導をコンテンツレベルではあまり考えていないんです。通級による指導を行う際の基盤となる考え方を「関係」においていたので、子どもとの間で用いる「教材」は何でもいいと言ってきました。やり方もこの子の障害はこうで、課題はこうだから、この教材をやりまし

ようというふうに持ち込んだことは、ほとんどありません。何でもいい、最初は関係形成から入って、その子の内面理解とどういうふうに生きていきたいかが出てこない限り、コンテンツを持ち込んでも子どもの力になるはずはないでしょうというふうに指導を組み立てていましたから、どんな子が来ても、それなりに付き合ってきました。最終的には、本人が自分はこういうふうにしていきたい、こんなふうになりたいというのを少しずつ共有していきながら、だったら、こんな教材があるよということを個の関係性レベルで探り共有しようとしていました。そして、それを少しずつその子が普段、生きている場所にシフトさせていきながら、家族も巻き込んでいくという形を教えていたのです。それが成功すれば、生きていくベースのところに指導を打ち込んでいますので、学級集団がどう変わっても、どんなことがあってもその後もどうにかして生きていけるかもしれませんからね。僕は基本的にはかなり俯瞰的にみる立場として関係性を取っていますから、過度に子どもへ距離を寄せもしないし、突っぱねもしないという立場なんです。そうすると、何かあったら役立つ人間だと思ってもらえ、10年、15年しても突然、メールが来たりとか、訪ねてきたりしてくれることも起こります。ですから、大事なのは距離感で、動かしたかったのは家の中の関係性と本人の内面性であったわけです。こうしたことを僕はやってきたんです。

岩瀬　今のお話でよくわかったのは、学校というのは「表向きのストーリー[*2]」があって、僕や青山さんがやっていることは、裏の「秘密のストーリー」で、それを学校の中でしたたかに描いているということですね。でも、それを秘密と切り分けてしまうのではなく、表向きと秘密のものとをどうやってリンクさせて、ど

うやって新たな「支えのストーリー」をつくっていくかが大事です
よね。切り分けてしまうと、結局は学校批判になって、オルタ
ナティヴに行くしかないとなってしまいますから。

　学校は厳然として存在していますし、これからも存在するわけ
ですから、だったら表と裏をどうやってシンクロさせていき、じ
わじわと領域を増やしていくかがポイントですよね。青山さんか
ら言われてハッとしたのは、僕はこれまで公教育というフレーム
があったからこそ、やれた部分がたくさんあったなということで
す。その中でどう工夫しようか、みたいなことが僕にとっても楽
しいことだったんだなと気づきました。公教育だから、毎日、子
どもたちが来てくれるわけですし、出会うチャンス、知るチャン
ス、試してみるチャンスも毎日あるわけです。子どもと日々共同
研究をしている感覚です。公立学校での実践ということで、下駄
を履かせてもらっていたのかもしれません。子どもたちにとって
は、今まで体験したこととちょっと違う授業というだけで、相対
的に目新しいから期待度も膨らみますし、スタートの時点でやり
やすかったのかもしれません。

　ところで今、青山さんがおっしゃったように、コンテンツレベ
ルを超える根本部分の議論を積み重ねていけば、教室の有り様は

　＊2　クランディニンとコネリーは「教師が教室内と教室外を移動すると、個人
　　的実践知がその風景のストーリー化された知の文脈と衝突するので、ジレン
　　マを経験したり、緊張を感じたりする」と指摘し、そのジレンマを説明する
　　方法として、「表向きのストーリー」や「秘密のストーリー」という概念を用
　　いている。表向きのストーリーとは、学校についての支配的なストーリーで
　　あり、秘密のストーリーとは、安全な場所でのみ他人に語られるものである。
　　また、「競合するストーリー」、「対立するストーリー」という疑念で、学校の
　　支配的なストーリーや教室内外の言説との緊張関係を理解し叙述してきた。
　　これらのストーリーを編み合わせながら教師としての「支えのストーリー」
　　を個々の教師が創っていくのである。高井良健一『教師のライフストーリー
　　高校教師の中年期の危機と再生』勁草書房、2015年、22-23頁。

ちょっとずつ変わっていくと思います。しかも、手段としてのコンテンツはすでに結構あるんです。ですから、そこさえ変われば、使えるコンテンツは山のようにありますので、困らないはずです。でも、そこの転換がすごく難しいのはどうしてでしょうか。

青山 やはりこの問題は教員養成といいますか、そもそも教員とはどういう仕事で、どう養成していくのか、すでに教員である人は、どのように幅を広げていくのか、もしくは根本的なところでの揺ぎが必要なのかという議論とセットにならないとダメですよね。私の大学でも教員養成をやっていますが、オーソドックスな教員養成のカリキュラムがあり、学生たちはものすごく誠実に勉強しています。しかし誠実であればあるほど今、岩瀬さんとお話ししているようなこととは少し違った教員が育ってしまうような気がしています。ですから、特別支援教育というフレームの中で、そこに何かを打ち込むことはできないかなと考えているんです。そのフレームなしで突っ込んだら、育てたい教員像に関する対立軸が可視化されすぎますから。また昨年ぐらいから、そこにインクルーシブという、みんながよくわからない軸を持ち込んで、インクルーシブ的とか講座名につけて、少しずつ幅を広げているのが現状です。要するに、僕は敵対したいのではなくて仲間を広げたいだけなんです。一緒に考えられる仲間を広げるためには、どういう言葉とかどういう枠組みにすればいいかを考えているわけです。

岩瀬 戦略的ということですよね。

青山 そういうことを今までもやってきましたし、これからも少しずつ、少しずつ仲間を広げながらやっていって、10年ぐらい経ったあとに、学習指導要領の文言にどう反映されているか、どん

なふうに現場が変わっているかというスパンでみていくことなのかなと思います。

岩瀬 大きな流れとしては変わってきていると思います。ただ、僕自身の発信の仕方もどうしてもコンテンツよりになってしまっていましたので、本来手段の一つにすぎないのに、それが目的化して伝わってしまっていたということがあったと思っています。今の学校教育の価値観を変えなければいけないのに、「作家の時間」をやったらクラスがまとまりました、PA をやったらまとまりましたと、これでは旧来の学校教育のフレームを強化しているにすぎないわけです。「振り返りジャーナル」も、そもそものスタートは、クラスがうまくいっている！　と僕が自信満々だった頃に、あるお母さんから懇談会で、「うちの子は全然、先生からみてもらっていないと言っている。俺のことなんかどうでもいいと思っていると言っています」と言われたのがきっかけの一つだったんです。その子は、勉強が得意でリーダータイプでしたので、僕は放っておいても大丈夫だと思い、きっと他の子にばかり目を配っていたんですよね。さらに、「うちの子だけではなく、他のお母さんも同じようにおっしゃっています」と言われたときはショックでした。何もみえていなかったし、何もわかっていなかったなと。一人ひとりのことを何も知らずに、ただクラスの雰囲気のよさと僕のノリのよさだけで学級が成立していたんだということを突きつけられたんです。ただ、個を知るというのは、当時の僕にはなかなか難しくて、一生懸命みるけれども、よくわからない。それで、「振り返りジャーナル」だったんです。目的は、まずは一人ひとりとちゃんと関係をつくろう、一人ひとりを知ろう、からのスタートでした。ですから、僕にとってジャーナルはその機能

がないと意味がないんです。でも、どうしても本になって紹介されると、これをやればクラスがまとまるんじゃないかと、単純になってしまいがちです。

　小学校教師だと同じ子たちと一緒にいられるのは1年か2年ですが、それは長い人生のほんの一部なわけで、そこから先のほうがずっと長い。担任が離れたときに、自分の力で生きていけるということが圧倒的に重要です。自分の力で進めていくこととか、他の人の力を上手に借りるといった原体験こそ、学校時代に山ほど必要です。今はそれが、あまりにもない。試行錯誤する機会も少ないですし、自分で進めてみるチャンスも本当に少ないんです。ですから、自由度というと少し乱暴かもしれませんが、教室の中にそうした体験ができる機会を山ほど保証したい。そうした場のデザインが、教師の役目だと考えています。困ったら他の人の力を借りればいいんだという信念をもつためには、困ったときに力を借りてよかったという体験が一定数、積み重ねられなければなりません。やってみればできるようになるんだというマインドセットも同様です。僕の言葉ですと、「自分の学びのコントローラーは自分で持つ」という言い方になりますが、自分で操作してみる体験、困ったら助けてと言う体験、やってみたら自分が変わったという体験、個のレベルで積み重ねた体験の総体がその学級の文化になるはずで、先に学級の文化ありきというよりも個の体験の積み重ねなんです。ただ、そのことを僕も学生にどう伝えたらいいか、そこが難しいところですね。ある意味、学校教育の成功者が教師を目指すことが多いので、そこに対する疑いがあまりありません。自明性の問い直しは本当に難しい。原体験がない人にそこを伝える難しさを感じています。

でも、やはり現場に出て、個に出会い、個の成長に寄り添って、そこで自分でいろいろと試してみて、うまくいったり、いかなかったりを振り返り、あの子が変わった、成長したというシーンをたくさんみれば、それがその人の原体験になるのかなと思っています。ですから、現場に出る前に僕らが伝えられることは、徹底して個をみること、この子は今どんなことを考えていて、どんな生育歴があって、どんなことが好きで、どんなことが嫌いでといったことに関心をもつということ、それも気になる子だけではなく、一人ひとりについて、ということです。ただ、それをまだ僕は上手に伝えられていないなという気がしています。

青山　僕も同じことを考えていて、気になる子という言葉を意識して使うようにしていますが、それは、気になる子だけではなく、どの子もというように見方を広げていくときのステップとして、どうしても段階を踏んでいかないとなかなか現場に浸透していかないと考えるからなんです。ですから、今少しずつ、障害のある子から気になる子へと、現場の認知が広がってきていますので、これから5年後、10年後と経るに従って、気になる子ではなく、どの子もというような考え方が一般的になっていくか、というようにみていきたいですね。そう考えていくと、ここで話していることは、大きな流れの中にあるように思います。

岩瀬　確実に変わってきています。だからこそ、学びのスタイルを変えてほしいなと思うんですよね。学校は、ほとんどの時間が授業ですので、それ自体を見直すことがとても大事だと思います。

青山　アクティブ・ラーニングが言われ始めたとき、僕は絶好のチャンスだと思っていたんですよね。でも、このままでは個が埋没した変なグループ学習が蔓延するみたいなことにもなりかねま

せん。どうやったら、そうならずにすむでしょうか。

岩瀬　実践をどうやって記述していくかという問題にもつながっていくことですが、個のエピソードを溜めていくというのを真剣に考えていかなければなりませんね。実践記録は、どうしても教師目線の記録になりがちで、そこで個が何をしているかはどうしてもみえてこない傾向があります。うまくいったことも、そうでないことも、とにかく個のエピソードを溜めていき、共有していくということがこれからは大事です。そのエピソード記録があれば、読んだ人がその子の背景もわかりますし、改めて方法も相対化できると思うんです。またエピソードには、人の内省を引き起こす力があります[*3]。自伝的反応と言ったりもしますが、すると自分の教室のあの子の背景やエピソードも気になってくるでしょうし、自身の関わりも改めて振り返るでしょう。ただ、プライバシーの問題もありますので、難しい部分も多いですけれど。SNSやブログが普及したことで、結果として個をみえなくした実践紹介が増えてきているとも感じています。そうすると、実践はネタ化してしまうんですよね[*4]。

　リフレクションというと授業の振り返りになってしまいがちです。そうではなく、日常の何気ないシーンの中の振り返りを共有したい。担任のものの見方とか考え方とか価値観というのは、実

[*3] 「想起による物語は、読者の主体性を喚起し、感情的な応答を引き出します。そうした物語は分析ではなく、利用を、理論化や要約ではなく語られることや語り直しを、決まりきった結論ではなくさらなる対話のための教訓を、求めている」。エリス＆ボスナー「自己エスノグラフィー・個人的語り・再帰性：研究対象としての研究者」『質的研究ハンドブック３巻　質的研究資料の収集と解釈』N.K.デンジン、Y.S.リンカン編、北大路書房、2006年、142頁。

[*4] 『授業づくりネットワーク』No.29「現場発！これからの授業とクラス」巻頭対談　岩瀬直樹×石川　晋「改めていま、授業とは、クラスとは何か」においても同種の議論が展開されている。

は授業以外のところのさまざまなコミュニケーションのやり取り
の中にたくさん現れているんです。そこを振り返ったり、共有し
たりという文化が僕らにはあまりないのが課題です。ですから、
授業だけではなく、日常の子どもとの関わりを丁寧に記述して、
そこを共有して振り返るということをやっていかないと、教師の
考え方や価値観まで多分、授業だけでは踏み込めないんじゃない
でしょうか。それが最近の実感です。

青山　まったく同感です。例えば、授業というフレームを除いて、
「ケースカンファレンスします」と言うと、先生たちのモードは変
わり、そこでは子どもたちの話になるんです。でも、「授業の」と
言った瞬間に、先生たちの思考フレームは、今日の算数の授業に
おいてはといったものになるんです。真面目にやってきている先
生であればあるほど、あのフレームは強固につくられていますの
で、そこがなかなか崩せません。

　もう一つ思うのは、根本的なカリキュラムの問題です。特別支
援学校や特別支援学級でしたら、そこに切り込める余地はありま
す。「自立活動の領域と教科を合わせて、教科の授業をつくって
いくというのはスタンダードですよ」と言うと、フレームを変え
られるんです。国語でも図画工作でも、「授業の目標はこうです」
と先生方は、言われるのですが、「これは特別支援学級の時間です
から、教科の授業のことだけではダメで、その子がどんなふうに
なるかも含めて考えるのは自立活動の内容ですよね」と言うと、
「そうか」となるわけです。そういうふうに思考フレームを最初
に変えておけば、検討会等で授業を語るときに、例えば、国語＆
その子の本当に大切にしたいこと、周囲との関係性についても自
立活動の指導というフレームの中で語ることができるんです。そ

うやって、先生同士でも仲間を増やしながら、指導の中で子ども
たちにとって大切なことを語るという文化を広げていくことは、
現行学習指導要領の中で十分可能なんです。

　ところが、通常学級の場合は、微妙な書き方です。自立活動は
領域としては設定されていないのですが、通常学級においても自
立活動に示されている観点を参考にするなど、子どもたちの実態
に応じた指導をしていくことが重要であると、何気に学習指導要
領には書いてあります（笑）。ですから、そこを根拠にすればいい
んですが、授業を考える際の一般的な思考フレームを崩すには今
一歩弱いところです。やはりインクルーシブ教育と本気で言うの
ならば、国が通常学級の教育課程の在り方の単一性を変えて、柔
軟性をきちんと取り入れなければなりません。「それまでのこと
を十分に習得できていないということも含めての教育課程の在り
様と、評価の基準の在り様は柔軟であることも考えて授業をつく
っていく必要性がある」とそのぐらいのことを国が腹をくくって
変えていけば、10年ぐらいしたときに、ここで話ししているよう
なことがメインになっていくと思います。今でも特別支援系のか
なりインクルーシブ的な発想の強い研究者は、すでにそう主張し
ています。現行教育課程では、通常も含めたインクルーシブ教育
には、明らかに限界があって、抜本的な制度改革に踏み込んだ議
論が不可欠だというのが自明のこととしてあるんです。ただ、特
別支援教育でもそうした考えはまだまだスタンダードではありま
せん。依然として、分けて育てましょう、関係性ではなく個の特
性に応じてというのがベースにあります。しかし、すでにそうい
う視点は出てきています。10年後、20年後のイメージを描くと、
そこがターニングポイントで、打ち込みポイントかなという気が

します。

岩瀬　インクルーシブ発想というのは、すごい概念ですね。使えますね（笑）。

青山　そろそろ本気で、現行ではここまでやれるけれど、これ以上の踏み込みに関しては極めて困難だから、根本的な発想の転換が必要であるみたいな議論をしていかないとね。

岩瀬　インクルーシブ発想でいきましょうというのが、突破口ですね。

教師の仕事は、徹底した個への関心がないと成立しない

岩瀬　僕は、上越教育大学の西川純さんの『学び合い』も、突破口であると思っています。『学び合い』は、個やその関係性をみるチャンスでもあるんですよね。そうした発想があれば、次の手立ても考えられるはずですから。

青山　多くの人たちが『学び合い』もコンテンツレベルで見ているような気がしますが……。

岩瀬　『学び合い』を実践している人たちの中でも、個に関心があるかどうかで違ってくるんだと僕は考えています。教師の仕事は、徹底した個への関心がないと成立しないはずなんです。それは学級の人数が20人だから、30人だからということではありません。30人ならそれなりの工夫が必要になってくるだけです。30人のよさは、個に関心をもつのが担任だけでなく、周りにたくさんの子がいるということなんです。たくさんの子がそれぞれに関心を持ち合うから、集団で学んでいる意味があるんだと思います。です

から、学級というのはそれぞれの個に対して、それぞれの個が関心を持ち合う場。それでその関係が起きやすくする環境をつくるために先生がいるわけです。少人数でなければ個別化はできないということはありません。人数が多ければ、違う形でのダイナミックな個別化ができる。一人では見逃したり、知ることができなかったりするシーンも、互いの中で勝手に学び合ったり、フィードバックし合ったりするかもしれないのです。そうすると、担任が個としてその子のサポートをすること以上のことが起こり得るわけです。そのためには、そこにいる学習者自身が「自分は自分としてここにいる」という自己への信頼と、他者は自分の成長に貢献してくれているし、自分も周りに貢献できそうという他者への信頼、そして、自分も所属しているコミュニティもよりよく変わっていきそうという関係性への信頼、この三つの信頼を日常の中で原体験として積み重ねていくことが学級の原理としては重要です。

青山 それが将来、社会をつくっていくときの絶対的基盤になるだろうと思います。徹底した個への関心が、学校全体にも広がれば、一人の子に対して担任だけではなく、関心をもつ先生の数を増やす取り組みとして、すごく効果的なのかもしれませんね。学校レベルで、いろいろな先生がいろいろな個に対する関心を高めるにはもってこいかもしれません。みんなが担任という言い方に象徴されるのでしょう。

　教室が荒れているとか、担任と子どもの関係が壊れているという旨で相談にのることもよくあるのですが、そういったときに僕は、先生方に聞くことがあります。それは、「子どもが好きなテレビ番組を知っていますか」「どんなゲーム機器を使っているか知

っていますか」「どんなソフトで遊んでいるか知っていますか」
「学校と家以外で子どもがよく行く場所を知っていますか」とい
ったことです。ほとんどの場合、返事はありません。僕はまずは、
そこから知りましょうよと言います。それで、朝に子どもたちと
出会ったらそれとなく、「昨日、あの番組を見たけれど、面白かっ
たな」でもいいから話しましょうよと言っています。直接、子ど
もに話すとうるさいな、と言われそうだったら、横でさりげなく
つぶやくとか、つきあい方のバリエーションはいろいろあるでし
ょう。とにかく、子どもと共通の話題をもつという視点が必要な
んじゃないですかね、と話すわけです。そういうふうに問いかけ
を残した学校に、その後、状況をきいてみますと、劇的によくな
ったわけではないけれど、何とか3月までは持ちこたえたといった
た返事もありました。お休みになった先生もおられなかったとの
ことです。どうも、子どもと先生の関係性が修復していく方向に
いったようなのです。もちろん、僕の言葉だけでそうなったわけ
ではなく、その言葉が、先生と子どもの関係性を見直したり、子
どもの何をみたらいいのかと考えたりするきっかけになったんだ
ろうなと思います。

岩瀬　今のお話を僕なりに言葉にすると、「子ども自身が関心を
もっていることに関心をもっているかどうか」が重要だというこ
とです。その子自身が、この先生は僕に関心があるんだと、僕の
好きなことに関心があるんだ、と思える。そこにチャンネルが開
かれます。そうすると、関係性の距離はグッと近づくはずです。
自分の味方なんだという視点になるので、そこは大きい転換点で
すよね。

青山　そうなんです。ただそれを研修会などで、きれいな形にし

て整理して伝えると、コンテンツになってしまうんですよね。そういったことを中心にした講座を開くと、「基本的なことを再認識できるようないい時間を研修として過ごせました」などと司会や研究会の担当の人から言われてしまいます。ある先輩が、「基本的なことと言うのなら、まず全員の子どもたちにそれをやってみてから、そう言えよ、それもできていないくせに基本的などと言うなよ。青山さん、もっと怒ったほうがいいよ」と言ってくれました。しかし、そこで怒っても仕方ありませんから怒ってはいないです（笑）。こうやって、少しずつ切り拓いていくしかないと思っています。ただ、先ほどの話みたいに本当に困っている文脈にのせて言った場合には、「基本的なことをありがとう」などと言われたことは一度もありません。本当に困っている場合には、単なるコンテンツとしてではなく、本質的な意味で何かが伝わり、「基本的なこと」という言葉にはならないんだろうなと思います。

先生は、一緒に生活する人

岩瀬　今のお話を聞いて、自分のやってきたことを言語化することができました。僕は読書を大事にしていますが、その子がどんな本を読んでいるのかを把握したり、「同じ本を僕も読んでみたんだけど」と、声をかけたりするのは、僕がその子に関心をもっているということを伝えていたんですね。それと同時に子どもたちも僕に関心をもってくれるという働きも果たし、結果として僕との関係性に影響を与えていたんだと、改めて思いました。「作家の時間」でも、その子が興味のあることを書いている、そのことを介して会話をするから、僕は「その子の関心があることに関

心がある人」になれるんです。その子が書きたいテーマについて聞き、書いていることを読んで、何度も対話をしますからね。そして友達とも、それを交換して読み合って何度も対話をしますので、自分が興味のあることに、先生も周りも関心をもっているということが、その子の教室での在り様をグッと変えるということですね、きっと。僕が思っていた以上の大切なことがあったんですね。

青山 卒業生から「自分の授業を見て、何か言ってください」と言われることがあります。新採用の教員ですから、授業は稚拙なのですが、とにかく一生懸命、何とかしようとしているのは見えてきます。その中で、ダンスのビデオを見せてくれた卒業生がいました。子どもたちが先生と一緒に踊っているのですが、一人だけ座って本を読んでいた子が映っていたんです。また、制服のボタンを全部はずして楽しそうに踊っている子もいました。先生は、その子の前で一緒に踊っているんです。2月に撮ったビデオだと言っていました。それをみたとき、頑張ってきたんだなと思ったんです。みんなが踊っている中で、一人だけ本を読んでいる。それを周囲が無視するわけでもなく、過剰に意識するわけでもなく、ごく自然のこととしているんです。どんな1年を過ごしてきたんだろうなと思いました。それで、その卒業生には、「これをもう少し言葉にして、こうしたからあの子もこの子もみんなでダンスしたんだと、それを意識して伝えられるようになれればいいね」とコメントしたんです。

岩瀬 みんながダンスをしている中で一人、本を読んでいる子が一緒にいるというのは、とても素敵なシーンですね。それが普通である文化をつくってきたということですよね。

青山 「その子は、どんな子なの?」と聞くと即座に、「こんな子なんです!」と説明が返ってきますから、ちゃんとそれぞれの個をみているようなのです。また、僕は学生には子どもをアセスメントするときに、いきなり WISC*5 から考えるのではなくて、あなたたちの専門性というのは、一緒に生活する人ということでしょうと話しています。

岩瀬 「一緒に生活する人」かぁ……本当そうですね。そんな先生の学級は、授業がどんなに稚拙でも壊れにくいですね。

青山 不思議ですよね。あんなにわかりにくい授業でも、壊れていませんから。でも、世の中の流れは逆で、初任者研修などでは、相当叱られているみたいでした。もっと、わかりやすくこうしなさい、前の掲示板にあんなものを貼ったらダメでしょうとか。子どもたちと一緒にこれだけはやろうと決めたものを貼っていたら、はがしなさいと指導され、前に掲示をしないというのは特別支援教育の基本でしょうとも言われたらしいんです。

岩瀬 逆のアプローチをしていますね。まず規律という考えは、個をみないということですから。集団としての動きをまずつくろうとしてしまうと、それは隠れたカリキュラム*6 として子どもたちにも伝わります。この人は、僕に関心があるわけではないなと。

---

*5 米国の心理学者デイヴィッド・ウェクスラーが開発した、ウェクスラー式知能検査の児童版(Wechsler Intelligence Scale for Children)。6歳から16歳までを対象としている。

*6 隠れたカリキュラムとは、アメリカの教育学者フィリップ・ウェズリー・ジャクソンが用いた言葉で、いわゆる学習指導要領や授業計画等の明示的なカリキュラム(顕在的カリキュラム)ではなく、教師から生徒へ「暗黙のうちに伝達される価値や規範、信念などを指」します。例えば「集団を乱す行動をしてはいけない」というのは隠れたカリキュラムといえます。学校で子どもは、明示的に示されていないことを結果として学んでいることがあるのです。保田卓「カリキュラムと学力問題」石戸教嗣編『新版 教育社会学を学ぶ人のために』世界思想社、2013年、146頁。

僕は学級担任になると、最初の学級通信では、もう1枚つけます。その1枚とは、保護者の方に子どもの紹介文をお願いする用紙です。その子が生まれてからこれまでのことをエピソードも交えて、できるだけ詳しく教えてください、というものです。保護者の方は、結構な割合でかなり詳しく書いてくれます。保護者も、自分の子どものことを担任には知ってもらいたいんですよね。それから、繰り返しになりますが、「作家の時間」や「振り返りジャーナル」等も僕自身がその子に対して関心を高めるための手段にもなっていた、いや、相互に関心が高まる形ですね。それらが学級の原理として、すごく大きく機能していたのでしょう。ですから、個別化をしたり、ある程度、自由度を大きくしたりしてもそんなに壊れないのは、初任者が授業が稚拙でも学級が壊れないのと同じで、僕も含めた30人のある程度の相互の関心が、場を支えていたからなのかもしれませんね。

　『みんなのきょうしつ』で描いた3年前のクラスで、ある女の子から「イワセン（僕の教室での呼称）って、みんなと仲がいいよね。先生としては珍しいよね」と言われたことがあります。そのときは何を言いたいのかよくわかりませんでしたが、今、ようやくわかりました。「この先生は、みんなに関心をもっている」ということを言いたかったんでしょう。

青山　それは言いえて妙といいますか、日本の教師の核心をついている言葉かもしれませんね。

当事者である子どもと一緒に授業をつくる

岩瀬　「単元内自由進度学習」の実践では、単元終了後に学習者と

振り返りを行っていました。個々の理解度や取り組みだけではなく、学習の進め方自体も学習者にきいていたんです。「この単元はどうだった？」ってきくと、「少し難しいところは先生に教えてもらいたかった」なんて意見が出たりします。「じゃあ次回は、小さな寺子屋みたいな場所を教室の中につくるので、そこにどんどん質問しに来てください！　という形にしようか」などと改善案も相談します。つまり、授業改善を学習者と一緒に行ったんです。僕はそれを「共同修正」と呼んでいて、学級経営の原理の核にしています。授業自体のデザインに子どもがコミットするようにしたことで気づいたことは多かったですよ。子どもは当事者ですから、いろいろ感じたり考えたりしているに決まっているんですよね。それなのに先生一人で振り返って、授業をデザインし直すのって、やはりおかしい。

　僕が担任をしているときの意識は、子どもから「次は何をやるの？」ときかれたら、僕の負けというものでした。勝ち負けの問題ではありませんが（笑）。そうきかれるということは、僕が「やらせている」状況になっているということなんですよね。それは学習が子ども自身のものになっていないと判断する基準でした。「私は今、全体のどこをやっていて、昨日まではこんな感じで、だから今日はこうしよう」といったように、学習が学習者自身のものになっているかどうか（当事者性）が大事です。

　研究授業のときに、指導案を前もって子どもたちに配ったこともありますよ。指導案の検討を子どもにしてもらったんです。そうしたら、バンバン意見を言ってくれました。この説明は長いとか、ペアの時間をもっと長くしてもらわないとお互いの意見を言い合えないとか。そういうことは、学習者が本当は一番よくわか

っていることです。自分の学びにとって何が促進要因で何が阻害要因かということは。当事者の声をきかないで、先生が自分たちで工夫をして、そこは学習者に明かさずに授業をやってみて、どうだったかを先生が判断して、また改善していくみたいにやってしまいがちです。そこは、学習者と一緒につくったほうが断然いいんです。学び方が機能しているのかどうか、最もわかっているのは学習者のはずですから。

　僕が好きな本に、『子どものことを子どもにきく』（杉山亮著、岩波書店、1996年）があります。3歳から10歳まで毎年1回、自分の子どもにインタビューした本なのですが、子どもというのは僕らが考えている以上に、悩んだり、考えたりしているんだということがよくわかる本です。先ほどの関心をもつということと関連しますが、子どもにきくというのは大事なことで、それを飛ばしたり、勝手に解釈したりして、勝手によかれと思ってやっていたりすることが多いんじゃないでしょうか。きくだけで結構、変われるんです。なぜなら、きくときかれたほうも当事者になりますから、授業にしても、もっとこうしたほうがいいよとか言うわけです。そうじゃないと、授業は基本的に子どもはお客さんで、先生が用意したものを待っているだけになってしまいます。

青山　その辺りのことは、岩瀬さんがこれまでやられてきたことの中で、子どもたち自身も相当、視点の精度、感度が高く育ってきているから言語化できているということも多分にあるんだと思います。僕も大学の講義の中で、いろいろと仕掛けたりしていますが、大学3年生ぐらいの学生に、「今日は中身のことではなく、青山は何のために、この講義の中で何を工夫したか、周りと相談した後でいいからどう思うかを書いてみてください」と言ったと

きに、ほとんどの学生が書けないんですよ。最初は、遠慮をしているのかなと思いました。「評価するつもりはまったくありませんから、どう思っているかを言葉にしてごらん」と言っても、そういうふうにみる視点というものがないんです。これは大学教育の問題点なのですが、講義は受けるものだと思っていて、自分で考えて学んでいくという視点が弱いんです。だから、このように尋ねられると、虚をつかれたようになるんでしょう。僕は、「もう大学3年生なんだから、いつまでも講義中に子どもでいない！」と言っているんです。「もうすぐ逆の立場になるんだから。どうしてこのプリントを最後に配ったんだろうと考えませんでしたか」と尋ねたら、「わからない」と言うんです。「最初に配るとみんなが思考するのを邪魔するだろうなと思ったから、最後に確認の意味で参考資料として配ったんですよ。思考してほしいという僕の願いが込められているんですよ、決して配るのを忘れていたわけではないんですよ」と話したこともあります（笑）。そうやってかなりインストラクションを繰り返していくと、少しずつ解説も書けるようになります。

岩瀬 本当に繰り返しだと思います。そして、僕の実践ではそれが「振り返りジャーナル」です。「どのくらいわかった？　どこがわからなかったの？　誰と学んだ？」等、とにかく繰り返しメタの視点になる質問をしていました。すると、少しずつ「自分で考えてやるものなんだ」というモードになっていくんです。

　大学院では、ファシリテーター育成の授業をやっていたのですが、さんざん練習した後、「ではチームごとにプログラムをつくりましょう」となると、ファシリテートのことを忘れて、一人が喋ってみんながきいているという図になってしまうんです。「何の

ために稽古してきたの？」と言うと、学生たちは、ハッとします。学びの転移というものは本当に難しいんですよ。

青山 スキルを他の場面で応用するということは、極めて難しいことで、量が必要なんでしょうね。練習量とか、動機づけになる楽しさとか面白さとか、これをやったらよかったという実感とかがないと、いくら教え込んでも使えるようにならないだろうということを、学生たちから僕が教えられました。

岩瀬 学び方やプロセスを子どもたちにゆずり渡すといった実践で、最も言われるのが、「うちのクラスでは無理です。とてもそんな状況ではありません。きいているのだって難しいのに、自分で管理するなんて絶対に無理です」というものです。それでは、いつできるようになるのでしょうか。そんなことを言っている限り、そういう日は永遠にやってこないんですよ。やれるようになるにはやってみるしかない。小さな単位で少しずつ領域を増やしていくしかないんです。話もきけないうちは無理だ、受け身の授業でもきちんと受けられないのにそうではない形態はもっと無理だ、そう言われることがとても多いんです。でもそれが、ずっと留めている要因です。やらない限り、できるようにならないのに、やるチャンスがない。子どもをどんな存在としてみているかの子ども観、いや人をどんな存在としてみているかの人間観の問題かもしれません。僕も途上ですが、「人は変わっていく存在である」をスタートにしたいです。

子ども同士の関係性と合理的配慮

青山 特別支援教育の視点を取り入れた授業づくりに取り組む中

学校（研究指定校）に、2年間関わっていました。そこで取り組んでいたことの一つは、いわゆる UD の視点。もう一つは協同的な学習です。協同的な学習をしていくと、教師一人ではとてもみきれませんので、子どもたちに助けられます。子どもたち同士でやっていくわけです。でも、それを「合理的配慮」の一つの例として説明されてもどうも違うな、と思うんですね。子どもたちは、別に誰かの合理的配慮のために友達と付き合っているわけではないですから。

岩瀬　子どもたちにしてみれば、何でもない日常の1コマに過ぎないことだと思っているんでしょう。たまたま隣の人が消しゴムを忘れて困っていたから貸してあげた、ぐらいの話です。僕がつねに言い続けていたことは、いろいろな組み合わせで学んでみようということです。一緒にやってみないとわからないことはたくさんあって、それは試してみないと本当にわからないんです。さまざまな関係性を広げてみてみると、「あ、このときってこの子とやるといい！」という、ある種、マッチングみたいなものがわかってきます。子ども自身の試行錯誤をみていると、この子とこの子がつながるとおもしろいことが起きるんじゃないか、というヒントがみえてくるんです。

　アヤメさんという大人しい女の子がいました。教室ではあまり言葉を発しない子で、一人で本を読んでいることが好きな子でした。しかしあるとき、席替えのくじ引きで、人のフィールドに土足でズカズカ入っていくタイプのマコトさんという子と同じグループになりました。マコトさんは、まったく気にせずどんどん話しかけてきて、自分がやっていることに巻き込んじゃうんですよね。「新しい手品覚えたからちょっとみて！」とか言って（笑）。

僕もちょっとヒヤヒヤしながらみていたのですが、マコトさんがズカズカ入っていくうちに、アヤメさんが思わずしゃべってしまうということが増えたんです。他の子はそっとしておく感じで、あまり話しかけなかったのですが、マコトさんは誰でもお構いなしですから。それで、アヤメさんはうっかりコミュニケーションを取ってしまったという感じです。二人はマッチしたなどとは、お互いに思っていません。ですから、他の場面では離れてやっています。

しかし、ある算数の場面で、マコトさんがわからずに困っていたときに、アヤメさんに聞いてみたら？　と声をかけてみました。アヤメさんは算数が得意でした。マコトさんは、教えて教えていつも通りズカズカ入っていきました。彼のいいところです（笑）。それを機会に、マコトさんはアヤメさんに質問することが増えました。その機会の繰り返しでアヤメさんのコミュニケーションのハードルはするすると下がっていき、他の人たちとも話すことが増えていきました。彼らにとっては、合理的配慮でもなんでもなく、たまたま一緒にやってみたらマッチしたという話に過ぎないんです。

教室で起きるさまざまな、大人からみた、いい配慮をしているシーンというのは、基本的に偶発的なもので、お互いが相手に配慮しようと思ってやっていることではないというのが重要です。僕らが合理的配慮をしようとしたら、配慮することを意識して手立を考えて講じると思いますが、消しゴムを「貸す―借りる」ような感覚でいいんじゃないでしょうか。大きいベクトルとしては、困ったときは「困った」と、「ちょっと手伝って」と言えるといいよね。あの子困っているなと思ったら、「手伝えることあ

る？」って声をかけ合える関係でいたいね、といった感じです。生きていく上で困ることは絶対に出てきますから、わからないこと、人の手を借りたいことがあったときに、手を貸して、助けてと言えるといいですし、言われたら自分の手を止めて何？　と言える関係性でいたいよねというのは、何年生を担任しても大事にし、伝え続け、ともに試行錯誤をし続けていました。外からみていて、何が困っているかはなかなかわからないですし、想像してもみえづらいことですからね。僕も判断に迷ったときは、「今、迷っているんだけど、どうしたらいいかな」と子どもに相談するようにしていました。

青山　例えばね、特別支援教育の話として「個別の指導計画を作成してください」という文脈に今の話をのせようとすると、子どもの実態は書けるでしょう。しかし、どんな支援、つまり合理的配慮が必要か、あるいはなされているかを記述せよとなった場合、関係性の中で起きているいろんなことを個別の指導計画に書いたら、それを「大切な支援だね」と共有できる文化がありますか、ありませんかとなったら、今の日本では厳しい話かもしれません。そんなのは特別支援ではなく、もっと特別に行う支援を記述するのだと言われる地域も多いのではないでしょうか。しかし、自然な関係から子どもたちがお互いに育つということは、ものすごく大切ですし、これを抜きに「教育」なんて語れないと思います。

岩瀬　勉強の面では子どもも「わからない、わからない」とSOSを発するので、比較的把握しやすいんです。先に出てきたトモミさんは、生き物に詳しいということがわかったことで、勉強が得意なジュンさんも一目置くようになり、生き物の話を二人で楽しみつつ、勉強の面ではトモミさんの相談にのっていたんです。し

かし、それは配慮ではありません。ごく自然な友達関係が結果としてよい状態になっている。そんなことは学級の中ではたくさん起こります。しかし、それは放っておいたら起きますという、そんな単純な話でもありません。

青山　例えば、『みんなのきょうしつ』の中で描かれていた、合理的配慮と言えるわかりやすい例としては、ホワイトボードを設置して１日の見通しを書いておくとか、単元の計画を子どもたちに渡して見通しをもてるようにするといったことですね。そういう部分は、とてもわかりやすいなと思って読みました。ただそうなってくると、表面的にはスキルを学習して、行動上は合わせられる子というのは岩瀬さんの実践だけではなく、他の実践でも生まれてくるんです。SST（ソーシャル・スキルズ・トレーニング）等をしっかり入れているところでは、例えば、その場その場のふるまいとしてできるような状態に子どもをもっていくことは、やる気になれば結構やれる場合もあると思います。しかし、それはあくまでも行動上のふるまい方を教えているだけであって、実際は家に帰ってから暴れていたり、違うところでリバウンドが起きていたりという事案には、よく出会います。

　では、そういう子に対して、どういうことが必要なのかという問いに関しては、実は岩瀬さんの実践はすでに答えているんです。内面的な部分を無視しない、それがアンサーだと思います。ただ、そこにはもう少し丁寧な議論も必要で、学級経営が上手いから、集団を上手くつくっているから等といったことに話が収斂してしまうと、その中で苦しんでいて、教室では何の問題もないけれど、家の中で暴れたりするという子たちがみえなくなります。そのような子どもたちが僕のところには結構、相談に訪れますので、そ

ういった子たちにとっての合理的配慮は、重要かつみえにくいという視点は必要かなという気がします。

岩瀬 学び合うこと、協同学習を中心にすると、保護者や子どもから「先生は教えてくれない」「助けてくれない」という批判を受けると相談されることがあります。それは、先生があまり介入しすぎると先生に対しての依存が生まれてしまい、子ども同士で解決するという方向にベクトルが向かなくなってしまうため、1度、先生たちはそこから勇気をもって引きましょうということを大事にされているのだと思いますが、僕のクラスでも、3学期になっても「やっぱり先生に教えてもらったほうがわかりやすい」という子もいます。つまり、そういう声が出るチャンネルがあるかどうかが結構大きくて、僕にとっては「振り返りジャーナル」がそのチャンネルの一つです。例えば、先生から教えてもらいたいという声が書いてあれば、授業を修正して次の時間や単元ではその場面を迷わずつくります。個人の中にどういうニーズがあるか、なかなか外からはみえづらいものです。現象的には上手くいっていても、不満に思っている子は当然いますので、その声をどうやってきくか、です。「振り返りジャーナル」に、最近、不満に思うことや上手くいっていないことを届けてくれる子もいます。そのときはできるだけ早く、日々の実践で応えるようにしています。結局、どういう配慮をしたらいいかというのは、事前にある程度は予測していますが、やってみないとわからない部分が多いので、やってみた結果でどんどん修正していく。その姿勢とチャンネルをどれくらいもてているかが大きいと考えています。それでもきき逃してしまうこと、見逃してしまうことが多々あり、最後まで悩む日々でしたが……。

困っていることを表に出していい文化をつくる難しさ

岩瀬　先のユウキさんの場合、例えばクールダウンの方法については、僕が教えました。ただ、ユウキさんだけに教えたのではなく、クラス全員に伝えました。「自分の感情が高まっておさまりがつかないときは、１回、クールダウンするというのが必要だから、みんな必要なときに使ってね」と言って、キャンプ用の椅子を教室に持ち込み、クールダウンの席としました。でも、最初は誰も使いたがらないんです。それはそうですよね、自分がカッカしているのが可視化されるわけですから。そこで僕が最初に座ってみました。僕もカッとなるときはあるわけなので……。すると、「俺も腹たって来た！」なんて使う子が出てきました。こういうときってお調子者の子に助けられます。すると、そのうちにユウキさんも使い始めました。こういった方法は教えないとやれるようになりませんし、教えたほうがいいことですから、子ども同士の関係性でやれることと明確に区別していました。

　しかし、学習面ではどちらかといえば僕は放っておいてしまったのです。関係性の中でやれるようになるんじゃないか、本人のモチベーションが上がるまで待とうと。それでクラスでの学び合いの中で、一時的にはできるようになったのですが、すぐに忘れてしまう、そんなことが繰り返されました。２学期のある学習で１学期にやったことがまったく定着していなかったことがわかり、根本的な解決ができていないということを突き付けられたんです。「理解している」と僕が思っていたことも、「理解している振り」を結果として促してしまうような授業を僕がやってしまっていた

わけです。ショックでした。「ファシリテーターのような先生であろう」としたことが、結果として相手を放っておくことになってしまっていたわけです。「ファシリテーターでいる」ということは、相手のためではなく実は自分のための行動だったんですよね。そこで方針転換して、ユウキさんに謝罪し、これからのことを二人で話し合い、僕が個で徹底的に関わることにし、個別のカリキュラムを用意。個別で一生懸命、教えるようにしました。ただそうするまでに、半年近くもかかってしまったんですよね。情けなく、ユウキさんに申し訳ない限りでした。ユウキさんとの関わりでは、僕が教えている姿を周りの子もみていますから、それが一つのモデルになるだろうなと考えていました。ときには、「僕がどう教えているかみていてね」と近くにいた子に声をかけて、どんなことに気をつけているかを説明したりもしました。そうやって関わりのモデルをみてもらい、少しずつ僕の関わりを減らしていって、集団の中での関わりを増やすようにしていきました。

　ユウキさんはその後、中学校に入学しましたが、ユウキさんをいじることを、他の小学校から来た子たちは面白がったそうです。すぐに爆発しますからね。引き継ぎもしましたが、上手く伝わっていなかったようです。中学校の担任の先生は、爆発したことに対して怒る、それでユウキさんは余計にキレるということを繰り返していました。すると、僕のクラスだった子どもたちが、担任の先生のところに「ユウキさんはこういうときにこうなるから、こうするとよい」という関わりで大切なことをレクチャーしに行ったそうです。ただそれでも、なかなかそれが伝わらなかったようで、それを聞いた保護者が数人、ユウキさんの保護者と一緒に、担任の先生に説明に行ってくれたそうです。

僕が20数年、教師として実践を続け、教室で明らかになったことは、ユウキさんだけが困っているのではなく、誰しもなんらかの困りごとをもっているということです。例えば、本を読めない子ほど、厚い本を手に取る傾向があります。どんな本だった？と聞いても、面白かったとだけ答えて次の本に手を出すんです。読めなさ、苦手さをどうやって覆い隠すかということが、学校では強いんでしょうね。その場面で僕がしたことは、自分が好きな本を読んだら、次は僕が薦める本を読んでね、また次には自分が好きな本、その次には僕の薦める本という提案です。その際、読みやすくその子の興味に合った本を必死で探します。算数でも、わからないときは聞きに行けばいいんだよと言っても、恥ずかしくて聞きに行けない子もいます。聞きに行くというのは、自分がどこまでわかっていないかが知られてしまうから、それがばれてしまうのが嫌なんです。

　教室というのは、困りごとを出さない場所ではなく、それを出し合って、サポートし合ったり、クリアしていく場所といったように文化が変わっていくことが、ベースだと考えています。配慮とよばれているものはその先に出てくることだと思います。従来のフレームを変えずに合理的配慮だと言い続けるのは、もしかしたら「学校教育の有り様そのものが配慮しなくてはいけない状況を生み出している」というのを不問にしてしまうかもしれません。

青山　合理的配慮の中身を決定するに当たっては、「本人と丁寧な対話ややり取りをすること」と、合理的配慮に関するマニュアルには書いてあります。まあ別にマニュアルを読まなくても、それは、今ここで話していることときれいに重なります。「それはどうなんだろうね、こうなんだろうね」という愚直なやり取りを

していかない限りは、その子に何が必要で何が不必要なのかはわかるわけがありません。教室の中で子どもたちと一緒に展開していること、上手くいくこと、いかないことがあるのを前提に進めるのが大切だということが、岩瀬さんの実践にははっきりみえていますし、本当にそうだと思います。合理的配慮のために丁寧にしているわけではない、というところが、先ほどからこだわっている部分ですね。

関係性の中だけでやろうとすることの危うさ

岩瀬　今、青山さんと話をしていて改めて思うことは、後手に回ってしまっていたことが多かったということです。もっと特別支援教育の専門性を磨き、また近くに専門家がいて相談できていれば、もっと早くに何かできたのかなと思います。自身のアプローチの精度の低さみたいなものと向き合えたはずです。集団の力で何とかしようとする危なさというのは、学級経営でありがちです。集団が成熟すれば何とかなるという発想を僕はもってしまいがちで、もちろんその側面はありますが、もっと専門知があれば違っていたなとも思います。

青山　今の話にのって言えば、読み書きが困難な子、いわゆるディスレクシアの子に対しては、おそらく集団性だけではいかんともしがたいでしょう。アセスメントや子どもたちの知恵だけでは思いもつかないようなアプローチ等に関しては、違う要素が入っていくこともマイナスにはならないかもしれません。例えば、「わかるまで20回も30回も必ずサポートするから、あきらめないでやろう」と岩瀬さんが話をされれば、子どもたちは、関係性の

中でそれをメンタルなことばとして受け止めます。しかし、もう少し個として分析し、たとえ30回教えても困難な子がいると考えた場合には、実際問題としてどこまで指導すればいいのか、あるいは「ここまででいいんだよ」と言う必要性があるのかの検討が必要です。そのあたりをシビアに個についてみていくと、もう少し精度が上げられた面は確かにあったのかもしれません。

しかし逆に、ユウキさんのようなタイプのいわゆる社会性、対人関係性みたいなところで問題がある子にとっては、専門家が介入してもそれほどということはなく、こういう実践がもっと広がっていけばよくなっていくんだと思います。子どものタイプといいますか、必要としている中身によって一括りにできない部分があると考えます。

岩瀬　そうですね。学校の実践文脈の中では美しくまとめられてしまう傾向があり、青山さんがおっしゃっていることは、特に現場を離れた今、痛感しています。これからの学級を考えていく場合、関係性の中だけで何とかクリアできるという言い方は、かなり危険だと思います。

青山　映画『みんなの学校』[*7]の中で、僕が一番引っかかったのは、重い知的障害で、かなり重篤な自閉症のある子どもに関しても、あの実践でよいのだと一括りにされるところです。あの実践といいますか、あの子どもの「生き方」は一つの例でしかなく、すべての子どもたちにとって、関係性だけでやっていけるというほど単純ではない部分というのはあるだろうなと思います。もち

---

*7　全校児童約220人の内、特別な支援が必要な子どもは30人超（2012年度）という状況下、特別支援教室はなく、みんなが同じ教室で学ぶという大阪市立大空小学校を舞台としたドキュメンタリー映画。（2014年制作／監督：真鍋俊永／配給：東風）

ろん、特別支援教育の専門家の方がよく言われるように、高度な特別支援教育の専門性を通常の学級の中にどんどん入れていけば、もっともっと教育はよくなると思っている人もいるでしょうが、僕はそうは思いません。高度な特別支援教育の知識や技術を通常学級の先生たちが知っている必要はないと思います。もっと、基本的なことだけでいいわけですし、通常学級の先生方は、それらの知識を、教科や領域の指導の中に落とし込んで指導できることこそが、教師としての専門性なのでしょう。しかし、子どもによっては、子どもを捉えていく際に必要な特別支援教育の知識や技術が高度な場合もあるわけです。その際には、それらを知っている人が介入できる仕組みがあればいいわけです。

　ユウキさんのような子の場合は、仮に特別支援としての見方があったとしても、それが意味のあるものとして作動するかどうかということには、やはり関係性が重要になるんです。学期の最初から専門性の高い先生がついてアセスメントをがっちりやって、「この教材でやっていきましょう」と言ったとしても、彼が「教えて」と言うかとか、「やり直す」と言えるようになるかといえば、必ずしもそんなことはないだろうと思います。僕がこれまでやってきたことは、集団性の感度に左右されないところで苦戦している個とつきあって、自分自身に対する自己理解やそれを基盤とした自分自身の自己抑制や行動スキル、物事に向き合っていこうとする気持ち等を個として高め、環境に左右されない部分を育てることです。それが将来に亘って力になれば、いろいろな環境の中でも生きやすくなるという、そんな考え方に立っているんです。でも、つねに悩まされてきたのは、教室の中でもう少し、これらを育てていこうとする取り組み、空気があったら、全然違うのに

ということでした。

岩瀬　その空気感というのは、他者に対してどう思うかということより、自分に対してというのが圧倒的に重要だと思います。まずは自分が大事にされているということ、大事な存在としてここにいるということが前提の上で、トモミさんが困っているように、ユウキさんに苦手なことがあるように、自分の中でも困ったり、苦手なことがあったりするから、誰でも苦手なことは苦手と言って手を借り、クリアすればいいんだと、そうやって、自分からスタートして感度を育むのか、先生から「そういう子に対しては、優しくしてあげなければいけないよ」と言われてそうするのかでは、その後が大きく違うと思います。みんなでケアし合う空気をつくっていきましょうと先生がアプローチすれば、その先生が外れたときには、その空気がなくなってしまう可能性もあります。やはり、自分からスタートする感度というのがすごく大事だと思います。そういう意味では、「学びの個別化」への僕の関心の出発点はそこにもあるのです。例えば、読書はそれが実感しやすい。自分の関心とペースで読めますし、続けると「あれ？　楽しくなってきた。読めるようになってきた」と自身の変化を実感しやすい。自分でやらない限り感じられない変化なので、そういう実感値、今できていないことでもやれば変わるという原体験が自分から出発する感度につながり、ユウキさんみたいな子と出会ったときに、どう関わるかの大きな分岐点になるのだと思います。

青山　特別支援教育の文脈として、あの子にとってのケアをしましょうという空気感から入っていくのか、そうではなくてという部分から入っていくのかということなのでしょう。今の話は、明らかに特別支援教育の文脈ではないことが重要だと思います。お

そらく、こういう議論は合理的配慮を考えていくときに必要なのですが、この子に何のケアが必要ですか？ ばかりの議論が先行しているような気がします。僕は学生たちによく、Ａ基準とＢ基準に整理しておいてくれないとわかりづらいから、という言い方をしています。Ａ基準というのは、できないことができるようになるという視点で、Ｂ基準というのは、できないことができるようにはならないんですが、何らかの支援が入ることによって、その活動の目的には役立つというものです。つまり、本人の個の能力を上げるものに関してはＡ、個の能力は上がっていないんだけれど、その場で活動しやすくなったり、生きやすくなったりするのはＢなんです。その観点からすれば、合理的配慮のほとんどはＢのはずなんです。ですから、合理的配慮をしたからといって、個の能力を上げるということはそもそも考えていません。例えば、難聴の子のノートテイクというのは、それをしたからといって聴力が上がるわけではない、Ｂ基準なんです。そうした整理をしていくと多分、岩瀬さんの実践の中では、もちろんＢもあるんだけれど、やっていく中でＡに、つまり本人の能力が向上していくこともあるんでしょうね。それは関係性の中で培われていったものが大きいわけです。そうした構造のような気がします。

岩瀬 ただ、やはり周りとの関係性では解決しえない本人の困りごとはありますよね。そこの切り分けがとても大切ですし、また学級の環境によって困りごとになってしまっているというケースもあります。そういった条件をクリアしても本人が困っていること、そこには専門的なアプローチが必要なんですよね。

青山 そうなんです。そういう整理をしておかないと、「とにかくみんな一緒にいればいいでしょう」という思想にもっていかれ

がちで、それは違うんじゃないかなという気がします。

岩瀬 はい。学び合えれば特別支援の問題はなくなるというのは
ちょっと違うかなと僕も思います。ユウキさんだって、それまで
は教室の中でサバイブするので精いっぱいだったわけです。過刺
激の中で暴れつづけるという選択肢しかなかったんですよね。そ
うなると、周りの子たちもユウキさんを知るチャンスがないわけ
です。ですからやはり、お互いがお互いのことを知るチャンスが
大量にあることが本当に大事です。暴れているシーンばかりでは
なく、ユウキさんの好きなこと、いい面が出ている場面とも出会
うチャンスがたくさんあること。例えばユウキさんは、家でずっ
とパソコンの動画をみて過ごしているので、パソコン操作が得意
です。夜中までみているので寝不足気味の日も多かったのですが。
ですから、「動画ばかりみていないで！」と注意したくなります。
でもこれは見方を変えれば「力」でもあるわけです。そこで教室
で飼っていたグッピーが病気になったときに、ユウキさんに「ど
んな病気なのか、パソコンを貸すから調べてみて！」と依頼しま
した。すると、スイスイ検索するわけです。グッピーの世話をし
ていた生き物会社の子たちは、ユウキさんを取り囲んで画面を凝
視。ユウキさんの普段やっていることが活きた瞬間でした。この
ように今もっている力を十分に教室で発揮できることを意識して
いました。

　もう一つ、ユウキさんに関するエピソードですが、算数のテス
トが近かったある日、朝のサークル（朝の会）で「まだよくわか
っていない人も多いから、もう少し算数の時間を増やして、テス
トを先延ばしにしよう」といった議論が出たことがあったんです。
でも、その単元には気持ちがのらず、あまり取り組んでいなかっ

たユウキさんが、「それは時間通りにやるのがルールで、ほかのクラスは延ばしていないんだから不公平になる！」という正論を言い、場が揺らいだことがありました。それでそのとき、「いやいや自分が一番やっていなかったんじゃ……」といったツッコミは入らなかったんですよ。確かにユウキさんの言うことも一理あると。ユウキさんの成長や変化を周りはよく知っていましたし、さらに重要なのは周りの子も自分が少し変わってきているという実感値があるから、他者の成長や変化が妬みの対象にはならなくなっていました。素直にそれはそうだと思えるから、その議論につきあってみようとなったんだと思います。

　気になる子ばかりではなく、それと同じぐらいかそれ以上に、僕らが気になっていない子も同じなんですよ。その学級の中で、学校生活の中で自分の成長を感じているとか、居心地がいいとか、自分がコミットすることでこのコミュニティが変わるという体験をしていないと、つねに場に合わせて目立たなくしたり、先生の期待に沿ったりすることで教室内アイデンティティを形成するようになるわけで、そのレールから外れた子はムカつく存在になってしまうんです。子ども時代に人が集まるところ、学校で、どんな体験をするかが重要で、それを僕らはもう一度、考え直さなければいけない。公教育というフレームの中で、したたかに少しずつやっていくしかありませんが。

トップダウンから協同探究、そしてパートナーへ

青山　ものすごくマニアックなので、最近はあまり例としては使いませんが、僕は昔、自閉症の度合いがものすごく強い子たち、

日々の生活の中では行動が混乱して、人との関係性も思うように
つくれない、親の言うことも聞けないというレベルの子たちを中
心に扱って、療育や教育を行っていた時期があるんです。そこで
基本的に使っていた手法は、蒲団やマットの上に寝転んだ状態で
動きを止め続けるという、たったそれだけのものすごくシンプル
な手法を何セッションか繰り返すというものだったんですね。そ
れをやると、何が起きていたかというと、人間関係が改善してい
ったんです。僕の師匠もやっていましたし、いくつもその現場を
見ていましたので、重度の自閉症の子どもたちが確実に変わって
いくというのはわかっていました。しかし、当初は、なぜそうな
るのか、実はよくわかっていませんでした。でもそのうちに気づ
いたことは、本人たちは今まで人から言われたことを実行した結
果、ろくなことが起きていなかったということなんですよね。

　とりあえずたった5を数える間だけでも、じっとしていられる。
最初は統制するんです。それで段々と止められるようになってき
たら、動きそうなときに、指先でそっと押すと、止まるんです。
じっとその子をみていたら、いつ動きそうかがわかるんですよ。
それも、動きたくて動いているわけではない場合もあることがわ
かってきます。そうなると、それは二人の協同関係で、二人で戦
っていくわけです。それに成功した子たちは、ものすごくこちら
を信用してくれますし、他の人間との関係性もよくなるんです。
今まで聞けなかったお母さんの言うことを聞けるようになったな
ど、早い子だと2か3セッションで変わっていきました。つまり
この話は、行動が統制できなかった子が、行動統制を教わるとい
うことが重要なんです。今までだったら混乱して物を壊していた
のに、壊さずに食事ができるといった日常につながる可能性が大

きいということなんですね。それも、ただできればいいというわけではなくて、できたという行動が、本人の喜びや自信につながっていくようにつきあうのが大切だと100人以上の経験で僕は実感してきたわけです。

　しかし、考えてみたら単純なことで、この子たちは今まで人を信用したことがあまりないということなんです。ガミガミ言われたけれど、言われたことを実行してまともに何とかなったこともなければ、人と一緒に何かに取り組んでよかったとか、仮に失敗してもそのときに「ごめん、もう少し早く止めておけば失敗しなかったね」などと言ってくれる人がいなかったんですね。療育という狭めた関係性の中で、そこをピンポイントで突いて、それを家の親子関係にうまくリンクしてあげることができれば、段々と僕はいらなくなる。そこから先は、生活上のいろいろな場面で具体的に親子で対処していきましょうと言ってきました。教育のさまざまな実践家と話をしますが、やっていることは、そんなに差がないんじゃないかなと思っています。

岩瀬　最初はトップダウンですが、途中から協同探究みたいになっていき、やがてパートナーになっていくんですよね。

青山　なるほど。そう表現できますね。縦系の関係を入れるのは、早ければ秒単位でできることはありますから、長々とそんなことをやる必要はないだろうと学生にも言っています。どうして１年もかけて子どもとの信頼関係を築くとかするんだという話です。早い子なら、10秒くらいで協同関係にシフトしながら、つきあっていかないと、こちらを信用してくれるわけがない。

岩瀬　信頼関係を築くうえでの最初の段階で、一番大事なことって何ですか。

青山 ものすごく感覚的ですが、とりあえずは人の言うことを聞いてみる、本人もやってみたらやぶさかでもないと、そんな程度でいいんじゃないんでしょうか。それができたら、では次はどうする？　という提示はこちらがやりますが。

岩瀬 青山さんに対する信頼もそうですが、自分に対するちょっとした信頼、自分の可能性に対する信頼みたいなことも起きているのかもしれませんね。それは大きいですよね。その三つの信頼が同時にないと、単なる依存になってしまいますから。

青山 そうですよね。自分自身を見つめることにつながっているのだと思います。うまく言語化できませんが、ここまで述べてきたようなやりとりは、よく考えて慎重につきあっていかないと、うまくいかないときに人のせいにする人間になることにもつながりやすいんですよ。「青山先生がちゃんと言ってくれないから」とか。それが一緒に暮らしている人に転嫁すると、やっかいなことになるかなと思います。

岩瀬 ある方が「教育で大事なことは子ども自身が自分で伸びようとする高さが見えること」だと言われていて、僕はそれが腑に落ちたのは、あそこまでなら行けそうとか、予測できるちょっとした未来なら、自分でもやってみようと思えるんですよね。教室の中でもそれがふっと感じられた瞬間、助けを借りてみようとか、もう少し頑張ってみようと思える。自分の変化可能性に実感値があるからかもしれません。ですから、止まっていられたという小さな成功体験という実感値が先生に対する信頼にもなって、自分の変化への信頼にもなって、大きくグッと変化する要因になるんだと思います。多分、学級を考えるときもそこが出発点なんですよね。まず、この学級全体を何とかしようではなく、私とあなた

の関係の中で、いかに信頼関係を築き、それが具体的な手応えとしてちゃんと感じられるか、なんですよね。

青山 集中力がなかった子に、ただ単に全身の力を抜いて動きを止めましょうと求めていました。最初は秒単位でやっていますが、できるようになれば15分間も微動だにしないでコントロールできた子もいました。ただ単にやらせているだけですと、リバウンドもあるのでしょうが、終わった後、楽しそうにしているんです。それぐらいになると、集中力も上がっていますので、付加価値として個の力をもっと上げておくと、変な環境に置かれても結構、持ち応えられることがあるというふうに考えるわけです。残念ながら、いろいろな環境の中で生きていかなければいけませんし、公教育ですから、いろいろな先生が登場して、さまざまなことが巻き起こりますから、その子が潰されないように生きていく個の力をつけることが必要だと思うわけです。どんな相手と出会ってもある程度、サバイブしていける個の力を付加価値としてつけられたらいいかなということは、今もあるかもしれません。

岩瀬 学級でも同じ原理ですよね。若い頃、ある尊敬するファシリテーターから「あなたのクラスは美味しそうな温室のイチゴだね」と評されたことがありました。美味しそうな赤いイチゴだけれど、そこは温室だから、環境が変わったらどうなるかわからないと。ショックでした。その方は野イチゴを育てることが大事なんじゃないかと。環境が変わっても生き抜く力の大切さを捉えなおす、大きな転換点でした。今の話を聞いて思い出しました。

青山 師匠の片倉信夫に昔、「教育の究極の目標は、ノーヒントでどうにかできる子どもを育てること。最初からノーヒントでどうにかしろと言われて、どうにかなるんだったら、お前は要らない」

と言われたことがあります。彼は99％と１％の法則だと言っていました。１％でも本人が自分でやれたと思う状態がつくれたら、子ども自身が自分でやれると感じる。その感覚をもって自閉症の子どもの教育にあたれと言われました。ここで話していることとかなりかぶりますよね。小さな成功体験でもいいから、自分でできるかも、やれるかもしれないという自分に対する信頼をもてるというのは、同じことを言っているのかもしれません。基本原理は、自閉症の子であってもなくても、それほど大きく変わらないのかもしれません。

教室に畳スペースをつくる理由

青山　ところで、前から一つお聞きしたいと思っていたのですが、なぜ岩瀬さんは教室に畳を置くのでしょうか。カーペットではダメなのでしょうか。講義で学生たちに、「特別支援学級の環境について、何か気がついたことをアトランダムでいいから挙げてみて」と言うと、「特別支援学級ではどうして畳を置いているところが多いんですか」という質問が必ず出てくるんです。確かに多いんですよね。

岩瀬　どうしてでしょうかね。カーペットにしたこともあるのですが、やはり違うなという感じでした。カーペットだと地続きという感覚があるのですが、畳は上履きを脱いで上がらないといけないので、そこに違う空間が立ち上がり、教室と切り分けられます。

青山　統計を取ったわけではありませんが、直感的に自分の地元で考えても、特別支援学級の中に畳を入れている教室がどんどん減っているような気がしています。それは欧米直輸入のいろいろ

な構造化のアイディア等に影響を受けたこともあり、学校教育文化が日本固有のものから欧米文化にシフトしていっている証左なのかもしれません。まあ、それは半分くらい本気として、日本の学校や日本人としての感覚的なメタファーとして畳を使っていたということもあるんじゃないでしょうか。畳のほうがエリアがはっきりするからかもしれませんが。

岩瀬 畳というのは、座ることを誘発するんですよ。カーペットだと走り回ることもあり得ますから。教室の空気が大きく変わるというのが僕は好きです。算数の時間などで教室前方に、1、2人しか座れない小さな畳が置かれたこともありますね。すると、その小さなスペースが落ち着くという子も出てきます。周りがどんなに騒がしくても、そこは自分だけの空間になり、切り離されていると感じるようなんです。パーソナルスペースをつくれるんでしょう。

青山 なるほど。特別支援学級の中に畳が置かれていたのは、おそらく生活というのを意識するということが伝統的な教育観の中で重視されていたからだろうな、とも思います。しかし戦後、急速に生活が洋風化していき、今では構造化といえば、つい立ての写真が研修等でよく出てきます。それは、パーソナルスペースの作り方の違いなのですね。

岩瀬 先生たちにとって畳というのは、異物感があるのでしょうね。学校文脈にはないものを持ち込んでいるように見えるでしょうから。こたつを置くという案もありましたね（笑）。畳コーナーについては、面白い話があります。毎年、教室の後ろのほうに四畳ぐらいの畳を敷くのですが、学年の終わりが近づくと、次年度の「畳のない環境」への慣れの意味も込めて撤去するんです。

そうすると、空いたスペースで走り回ったり、暴れたりする子が
てきめんに増えるんですよ。子どもたちが実感するレベルで。畳
コーナーというのは、座って何かをすることを誘発するので、そ
れがあるのとないのでは落ち着き具合がずいぶん違うなあという
のは、毎年、感じることでした。

青山 それはおもしろいですね。他の例でも、もう少し空間配置
について考えたいと思いますが、例えば物を壊すような行為を誘
発するような物は置かないとか、いろいろあるはずです。ただ、
空間配置そのものを変えるという発想は、学校にはあまりないん
ですよね。通常、前を向くという発想で机が置いてありますから。
ロケーションを変えるという発想が本当にないんですよ。

岩瀬 僕にとっての教室は、リビングルームのイメージです。長
く居る空間ですから、居心地のいい場にしたかったんです。です
から、教室にさまざまなコーナーを設けて、どこか1ヶ所でも自
分がここにいれば落ち着くという空間があることが大事だなと思
っています。ある子は、お気に入りのぬいぐるみを家から持って
きて、畳コーナーに置いておき、休み時間にはそれを抱っこして
いましたね。そういうことはありだと僕は思っています。

　僕は30代前半に教室の学び方を根本的に変えようと決意し、机
をグループ席で固定するという縛りを自分に課したんです。その
環境でやれることは何かからもう一度、自分を組み立て直そうと
思った時期です。次に、学ぶ場所を自分で選ぶというフリーアド
レスにシフトしていきました。机をどう置くかだけでも、人がど
う暮らすかに大きく影響します。教室環境の改善＝教室リフォー
ムは子どもたちとの協同プロジェクトです。一緒にやってみて、
考えて、うまく行かなかったらそこを共同修正していこうという

スタンスです。教室にサークルで話し合うためのベンチを置いた
ときも、どこに置くかで子どもたちと議論になりました。教室の
真ん中がいいか、後ろか前かと。「だったら、1週間ずつ交代で置
いてみて、どっちのほうがより学びやすいかを実験しよう」と、
アクションリサーチです。とにかく、その場をつくるコミュニ
ティに子どもたちがコミットして、自分にとっての居心地のよさを
つくっていくというのが、一番大事なことなんです。ただ、ベン
チを教室の真ん中に置いたときには、校長先生に「岩瀬さん、そ
れだけはやめてほしい」と言われましたが……（苦笑）。

学習を個別化すると、個人がみえてくる

青山 「自立チャレンジタイム」（「学習の個別化の時間」38頁参
照）という実践が『みんなのきょうしつ』で描かれていて、そこ
では、9月頃からはじまっていましたが、実際もこの時期からなん
ですか。

岩瀬 いや、もっと早くからやっています。4月からですね。最
初のうちは、やることも決まっていて、子どもは学習計画表に記
載してあるマスを塗るだけです。そこから徐々に自分で学習の計
画を立てるといった方向にシフトしていきます（38頁の図参照）。
中学に入ると、試験勉強等のため、学習計画を自分で立てる必要
があるから苦労するという話は、卒業生から毎年よく聞いていて、
課題に感じていました。小学校ではやったことがないのに、中学
からは突然自分で試験勉強の計画を立てなければならないのは、
やはり大変です。「学習の個別化」というのは、古くはドルトン・
プラン、日本でも1980年代に愛知県の緒川小学校等で実践されて

いて、新しいものではありません。残念ながら、全国的にはあまり広まりませんでしたが、その一つは教材をオリジナルでつくることや、先生が一人ひとりの学習をモニターし、支援しなくてはならない負担等がその要因ではないかと考えています。しかし、教材群は増えてきていますし、ICTも発展しています。教室に緩やかな協同性が築かれていれば、子ども同士で学び合い、多くのことは解決できると考えています。

高校に教育実習に行っていた院生から聞いた話ですが、ある高校では九九ができない、割り算でつまずいていて、そこから先の数学が全然わからなくなってしまっている生徒が当たり前にいると言うんです。それも1割、2割ではなく、結構な割合で。中には完全に学ぶことを手放し、ずっと寝ている生徒も少なくないと言います。それは、小学校段階では可視化されていないだけで、問題は先送りされ、高校でポーンと出てきているだけの話なんですよね。小学校に来ているのに、やり直しができないという構造的な問題で、結局学習者は先で苦労するんです。でも、小学校時代にやり直しや学び直しができ、自分のペースで学ぶことができたなら、クリアできていたはずのことも多いと思うんです。これからの学習は、個別化に向かわざるを得ないですし、向かうべきだと思っています。

小学校で4月から「自立チャレンジタイム」に取り組みはじめますと、2ヶ月位経つとクラスの7割ぐらいの子は、子ども同士のコーチングを主として取り組む中で、自分で計画し、学び、振り返り、改善するといったことができるようになっていくというのが経験知です。2割ぐらいの子は、僕がこまめに見て一緒に考えてフィードバックする時間が必要で、残りの1割ぐらいの子に

は僕が計画自体を提案することが必要な感じですね。ですから、クラスに２、３人はそれこそ個別の学習計画を一緒に立てることになります。

青山 今までの日本の社会は余裕がありましたから、そういう学力が低い子も社会に出ると、働くところがあって、何とかそこで働けて、出会いもあって、家庭ももってというふうに成り立っていたのかもしれません。しかし今後は、それでは無理なんじゃないかと思います。そこで重要なのは、子どもたち自身の自己理解ということだと思うのです。自己をメタ的に捉えていく力を、どこでどうやって少しずつ付けていけるのか。それを日々の授業と結び付けて取り組んでいくことが求められてくるはずです。

岩瀬 学習を個別化すると、先生に変化が訪れます。それは個人をみざるを得なくなることです。個人を一生懸命に追いかけないと、現在の状況がわからなくなります。「自立チャレンジタイム」の他に、先ほども少しお話ししましたが、算数では「単元内自由進度学習」を行っていました。すると、先生である僕に観察する時間がたくさん生まれますので、個人がどのくらいわかっているのかに、ものすごくアンテナをはるようになり、一斉授業ではみえなかった「個々のわからなさの違い」みたいなものが、どんどん可視化されていったんです。その当時、算数は新任の先生とティーム・ティーチング（TT）でやっていましたが、彼が「一人にわかってもらうのもこんなに難しいのに、30人いっぺんにわかってもらうなんて、どう考えても無理ですよね」と言っていました。本当にその通りで、教えるということの難しさみたいなことと向き合うわけです。もちろん、一斉授業を大切にしてきた先生たちも、向き合ってきたことです。教材をいろいろと研究して、工夫

してプリントをつくり、どうしたらみんなにわかってもらえるのかって。そこには当然、クオリティの差があって、より大勢の子がわかる質の高い一斉授業も多数存在するわけです。学習を個別化しようと提案すると、「先生は教えるのが仕事だ」「一斉授業で培ってきたスキルや教材研究は無駄だというのか！」等の反論を受けることがありますが、そんなことはありません。日本の教師が積み重ねてきた経験や知、スキルをこれからは個別に教える場面や小グループへの支援に使っていけばいいのです。

　また、現状の課題の一つとしては、学習者である子ども自身が自分がどれくらいわかっているかといった理解度等を、子ども自身で測ること（自己モニタリング）をしていないということがあると思います。テストをやってみたら70点で、「あ、俺、結構わかってなかったんだな」と思っても、テスト直しをするぐらいで、すぐに次の単元がやってきます。ですから、自分のわからなさ加減を自分で測ってみて、ここがわかっていないから、もう少しここをやりたいな、という自分で自分の学習をデザインする体験を積むことができにくいんです。

　4月から単元内自由進度で算数を進めていくと何が起きるのかと言いますと、最初は例えば、まあまあできていた子どもたちのテストの点数がやがてガクッと落ちることが多いんです。今まで80点を取っていた子たちが、70点、60点と落ちるんですね。これまで、自分のわかり具合を自分でモニタリングするといった経験をしてきていないので、とにかく先に進めること、早く終わらせることが目的化してしまいがちなんですよ。それで最後に確認のテストをしてみたら、できない！　といったことが起こります。しかし、2単元ぐらい終わる頃には、自分の状況のアセスメント

に慎重になっていきます。「あれ、わかったと思っていたけれど、わかっていなかったらしい」と。そして自分のわかり具合を丁寧に確認するようになっていくんです。

　学習進度の記録は、進度表にシールを貼っていく形で可視化するのですが、完璧に理解して誰にでも説明できるという場合は青のシールを貼り、なんとなく解けるけれど説明までは自信がないなら黄、よくわからないなら赤のシールを貼るというルールにしていました。最初は青がバンバン貼られていきます。先に進めたいんですよね。でも結果が出なくて自信がなくなって赤がどんどん貼られるようになります。次の段階はシールを細かくちぎり出して、青と黄の間とかというように、自分のわかり具合を少しずつ自分で探るようになっていくんです。ここは自信があるけれど、ここはちょっと……だから青が３分の１ぐらいかなとか、やっているんです。でもアセスメントが合ってくると、グッと変わっていきます。それは経験することでしか学べません。よく「自分で丸つけをすることにすると答えを丸写ししてしまうのでは」と聞かれますが、確かに短期的にはそうなります。でも、それでは自分の力にならないんだ、自分で自分の学びを管理するんだ、ということの体験の積み重ねで、答えを写すなんて無駄なことだというのが実感できますので、そんなことはなくなっていくんです。

学びのコントローラーは子どもたちの手にある！

岩瀬　自分で取り組んでみたらできた！　じゃあ次はこれをやってみようという感覚を子どもたちに渡すか、つねに大人側から、次はこれをやるんです、まだそれは習っていないからダメです、

と管理し続けるか。やってみたらできた、続きがやれそうだから自分でやってみよう、ダメだからここを変えてみようと試行錯誤する。わからなかったら他の人に SOS を出す。ふっと気がつくと、ちゃんと先生も見守ってくれている。自分のチャレンジと成長をみてくれている。それが僕の言い方ですと、「自分の手の中に学びのコントローラーがある状態」です。そうなってくると、算数も向き合い方が変わっていきます。「ここがどうしてもわかんないんだよね」ということすら、もはや楽しいことになっていくんです。なぜなら自分の変化の可能性がみえているわけですから。学びのコントローラーを先生が持ち、先生の言うとおりに進んでいく学び方の積み重ねは、僕らが思っている以上に大きな体験として刻まれているんじゃないでしょうか。先ほどお話しした、学びを手放して寝ている高校生は、無力感を学習してきてしまったんですよね。学習性無力感です。言われたとおりにすることをずっと要求され、ひたすら先生の話をきいて、ノートを取ってきた。わからないところがあっても授業は進んでいく。わかっていてもきかなくちゃいけない。そこで経験されている負の部分は、小学校段階ではあまり顕在化されません。しかし、中学・高等学校段階で顕在化します。自分の学びのコントローラーを自分で操作する体験が少なく、ひたすら時間が過ぎるのを待つというのが体に染み付いているんです。問題は、小学校段階では短期的にそれで先生は困っていないということです。

青山 「座りましょう」と言えば、全員が座りますし、「静かにしましょう」と言えば、静かになる。姿勢をよくしましょうとか、わかった人は手をあげてといった授業が、まだまだ日本全国のあちらこちらで普通に行われていますからね。

岩瀬　そうですね。先生というのはコントロール欲求があります
からね。僕も、自分の中に未だに感じることがあります。こう動
いてほしいといったイメージに自分が引っ張られるのに気づいて、
ドキッとしますから。やはり、自分の思い通りに動いてくれると
気持ちいいですし、それが評価につながることもありますしね。

「自立チャレンジタイム」の時数はどうやって取っていたのか

青山　ところで、「自立チャレンジタイム」は、時間割上といいま
すか、時数はどのように取っていたのでしょうか。

岩瀬　例えば、国語の漢字の学習から15分、書くことから〇分、
算数の復習の時間から〇分みたいな形で、ここから時数を取って
いますとすべて書き出して、実践していました。

青山　なるほど。現行の学習指導要領上でも、それはOKとなっ
ていますからね。ただ、そんなに時数を細かく書き出す必要はな
いのではと思う半面、なぜそれが時間割上、実践できるのかとい
う話は必要な気がします。

岩瀬　「作家の時間」の実践も、時数カウントを慎重にやっていま
した。年間で帯で実践するために、年間時数を洗い出し、その時
間で週あたりの時間を見積もっていきました。例えば、「月3時
間は取れるな。だったらこの週は2時間、この週は1時間」とい
った形です。「年間の時数としては普通に教科書通りにやってい
るのと時数はまったく同じです」とカリキュラム・マネジメント
をするわけです。地道な作業ですが、これをやると年間の全体像
もみえて一石二鳥です。「作家の時間」や「自立チャレンジタイ

ム」で、必ず質問されることは時数の問題です。個々の教師がカリキュラム・マネジメントをできるようになることは重要だと思います。絶対やってみたい！　これは子どもにとって大事だ！と思ったら、あれこれ試行錯誤してみることです。突破口はどこかにあります。また、内容によって扱いの軽重をつけるのも大切です。皆さん無意識でやっていることを可視化するんです。

青山　これ自体の提案性としては、「いいなと思うことがあったら、一体どうやったらそれができるのかということに頭を使う発想の人、もっと増えましょうよ」ということですね。そこがないと結局、あの実践いいよねで終わってしまい、そこから先に何も起きないような気がします。特別支援学級の研修講座の組み方を、現場の指導主事たちと議論するとき、多くの人たちはコンテンツをどう伝えるか、方法論をどう伝えるかを一生懸命に考えていて、「現場の先生たちのニーズはここなんです」と言われるのですが、それについては僕は、口をはさみます。「コンテンツと言いますが、それを使ってどういうふうに年間の中で授業ができるのか、その時数はどこからもってくるのかという発想がない人は、場当たり的にもっているアイディアをちょっとやってみるといった実践になるんじゃないでしょうか」と。自立活動の指導時数は教科などから取ってこないといけないんです。その場合の時数はどこから取ってくるかということを経験していない教務主任クラス以外の通常学級の先生方は、その意識が薄いです。その状態でアイディアだけを研修でどんどん渡して、頑張りましょうというだけの限界は、もう示されていると思います。

岩瀬　僕がその感覚をなぜつかめているのかと言いますと、明確な理由があるんです。学生時代、恩師の東京学芸大学の平野朝久

先生に連れていっていただき、長野県伊那市立伊那小学校を何度も参観していました。伊那小は総合学習（現在の総合的な学習の時間）の時間が膨大なんです。年間のカリキュラムをみると、牛のことについてテキストを読むから国語から総合に何時間、算数のこの単元は牛の餌代を計算するからそこに入れて何時間と、教科のどの内容を総合学習で扱っているかというのを可視化して、どう時数を生み出しているかを一覧にまとめていたんです。なるほどこうやって教科融合的にカリキュラムをつくっていくんだ、ということを知っていたことが経験上大きくて、そうか、何かを入れたいときは、時間をやりくりしてトータルで収まるようにするんだと。ですから毎年、僕は年度の最初に全教科の全単元と時数を書き出していました。「理科のこの単元と家庭科のこの単元を融合すれば、20時間のプロジェクトがつくれそう」とか、「作家の時間」をやりたいから国語のこの単元は少し端折って時間を生みだそうとか、大まかな年間カリキュラムを最初につくるんです。教科書通りにやっていくと時間はギチギチのように思えますが、最初にやりくりしておくと実は余裕があるんです。

青山 そういうことだったんですね。何のために、その時間を計上したのかという根本的なところが大事だと思いますね。でも今、地元の学校等をみていますと、その捻出した時間をドリル学習に充てているんですよ。基礎学習向上、反復ドリルをする時間を取るために、それを生み出しているんです。学校全体でその時間を捻出して、同調性の下に教育課程の中でそうした時間をつくる工夫を行っていますという文脈です。気をつけないと、「自立チャレンジタイム」といっても、それはうちでもやっています。工夫して時間を捻出し、何回もドリルをやって、みんなが満点を取れ

るように頑張っています。みたいなことと一緒にされかねないですよね。個の学びのマネジメントの向上や、先生が個をみつめる時間としてということがしっかりと強調されていないといけないなと思いました。

岩瀬 そういうマネジメントは、どこでもよくやっていますからね。

青山 「教育課程の工夫により」というのは、よく出てくるんです。

岩瀬 「自立チャレンジタイム」を実践して気づいたことは、教室の中で「比較」という視線が減ることです。例えば、算数では「単元内自由進度学習」であっても、どうしても子どもは比べます。理解できている、できていない、遅れている、進んでいるということが明らかなので、どうしても比較という視点がぬぐい切れないんです。いくら、「自分のペースで」と言っても、どこかに残っています。しかし「自立チャレンジタイム」では、「作家の時間」の下書きをしている子の前で漢字をやっている子がいて、その横では算数をやっているということが起きますので、単純な比較が教室の風景から消えていきます。人によって違うというのが目にみえているので、おそらく教室における文化としてすごく大きいんじゃないかと思います。

青山 確かにそうだなと思いますが、逆に言うと、だから広がりにくいのかなとも思います。時数はこう計上して、この時間を生み出したんです。それが国語なら国語でこうやっているんですという説明なら、若い人たちでも何とか言えるかもしれませんが、その時間にやっている内容も違い、なおかつ教科も違っているんです。でも、それはトータルとして考えれば、計上してきた時間が満たされているんです。というところまで深く考えて、誰に何

を言われても、そうやって言葉にできてコミュニケートする能力がある教師というのは、世の中にどれくらいいるんだろうと思ってしまいました。まずはやってみようという流れがどんどん起きにくい理由として、僕はやっぱり運用上、厳しい地域では今の説明だと潰されていくだろうなと思ってしまいます。そういうこともあるんじゃないでしょうか。

岩瀬　確かに、この実践はハードルが高いと思っています。学校での学び方を構造的に変えないと実践できない方法ですから、現状の中で個人の努力でやりましょうとは言いにくいものです。制度上は充分可能なのですが、学びの個別化を大切にしましょう！と旗を振ってもらわない限り、多くの人が実践するのは難しいかもしれません。また、学習指導要領の大綱化が必要ですね。2030年の学習指導要領ではぜひそうしてほしいと思います。Less is More.（少なく教えて豊かに学ぶ）です。

　ですから、まずは教科の中で、「算数や国語の授業の中でもこうやれば個別の学びを一部に取り入れることは可能ですよ。自分のペースや学び方を大事にするというアプローチはありますよ」と言ったほうが、きっと伝わりやすいですよね。でも、それだって現状は難しいかもしれないと思っています。

青山　それすら、まだまだスタンダードではない中で、内容はとってもいいけれど、これができないのは、個の努力を超えたところに要因があるのでしょう。特別支援学校の教育課程の生活単元学習においても実際は、算数から何十時間、国語から何十時間というように時間計上がされていますが、七夕飾りをつくってお星さまがあってなどという授業を行ったときに、45分のうち40分は算数だったよねとは誰も言いません。そんなことはわかるわけが

ありません。「星の数を数えていたのは12分だったよね」といったことは言うわけがありません。つまり、暗黙の了解で、各教科のどのくらいの時間をどの割合で行ったかに関しては、極めて曖昧なんです。でも、制度としてそういう教育課程があの子たちには有効であるとなっているわけです。ただ、通常の学校の教科の場合は、現行の制度だと突っ込まれてしまうでしょうね。

岩瀬 算数の「単元内自由進度学習」だって怒られる地域のほうが多いと思います。

青山 地域によっては、１単位時間レベルでも隣のクラスと違っていたら、どうしてそうなっているのかと注意されるような状況すらありますものね。

専門性があるほうが協同的な学びの質も高まる

青山 ただもう、せめて現行制度でも何が必要なのかと聞かれたら、教科の学習の中に教科の中身を評価する以外の視点を教師がもって取り組んでいけること。というのがどう考えても重要な気がしますね。１日の中で、学習している時間は長いですから。授業を抜きにして大切な内容であっても違うところでやりましょうというのは、そもそもほとんどの時間を捨てているようなものです。やはり、そこかなと思いますね。それともう一つ何かと言われたら、個の学びとか個の成長といったことに教科を横断して取り組むといった視点が、もっと広がればいいなと思いますが、どうでしょう。

岩瀬 ただ、教科を専門にしてきた人たちは、当然ですが教科の枠組みをすごく大事にするんですよ。子どもの側では、そんなに

切り分けていないんですけどね。友人に算数が専門の人がいるのですが、「頭では個別化が大事だというのはわかったけれど、どうしても一斉で練り上げていく算数は捨てられない」と苦悩していました。算数的な発見までは、子どもの力だけではたどり着けないから、と。ある面ではその通りだなとも思うんです。それで、「そういう時間があってもいいし、子どもが自分で進める場面があってもいいんじゃないの？」と言ったら、「頭ではわかっているんだけど、ずっと先生が算数を教えるというスタイルだけをやってきたので、絶対、自分が教えたほうが算数的な思考の面白さにも気づかせることができるし、深まるし、やっぱりそちらがいいと思うんです」って。教科の専門性を一斉授業とは違う形で発揮する方法があるはずなのですが、きっとなかなか想像がしにくいんだと思います。「作家の時間」だって教科の専門性は必須なんですけどね。

青山　先ほど、中学校で特別支援教育の視点を取り入れた授業づくりの研究に２年間関わったという話をし、視点が二つあると言いました。一つは、いわゆる UD 的な授業づくり。僕は学びやすくなるための基礎的環境整備という言い方をしたほうがいいんじゃないかという意見なのですが。それと、もう一つは協同性。方法論はさまざまでいいけれど、協同的な学びという視点をもつということでした。ところが中学校ですから、その二つだけの視点で進めると、先生たちのモチベーションが下がると感じました。それで、さらにもう一つ、教科の先生方が大切にされている専門性の部分をどういうふうに活かせば、子どもたちの動機づけが上がるのか、これも大切なことではないでしょうか、と話しました。すると、先生方の気持ちが随分変わったようです。

最後の公開研では、20代の3人の先生に授業をやってもらうことになりました。理科、国語、音楽です。検討会は、教科横断でいろんな教科担当の先生方が一緒に行うという学校風土がありました。理科の先生が最初につくった指導案は、力の分散という単元でしたが、体育の先生から、自分がみてもよくわからないという意見が出ました。それで、「では、子どもの生活に照らし合せて、力の分散を子どもが実感として把握しやすいことって何だろう?」といった話が先生方の間でなされました。すると、ある先生から「給食の食缶を運ぶ場面」という意見が出されました。「重い給食を運ぶとき、どうやって持ったら軽いか重いかを扱えば、導入としてよいのではないか」というのです。実際の授業では、食缶を持ってきて、二人の子どもを呼んで、「どう持つか」という問題にしていました。また、別の二人に持たせれば、当然違う持ち方をするわけです。それで、「どっちが重いんだろうね」と展開し、問題が可視化されていきました。これは見事な導入で、理科の得意な子どもも不得意な子どもも、学習課題をつかんでいったと思います。

　教科の先生だからその専門性は、大切にするけれども、それだけではない部分もあるということを研究の中で明らかにしていったわけです。小学校の場合は、いろいろな教科を教えていますが、中学・高等学校の場合は、教科の専門性を無視してしまうと、教師側のモチベーションが萎えてしまうんじゃないでしょうか。

岩瀬　専門性があったほうが協同的な学びを行う場合でも、より質の高い学びがつくれるはずです。それがないと、コンテンツと場づくりでしかアプローチができませんから。例えば、井上太智[*8]さんは、『学び合い』の考え方を活かしつつ、専門性も活かし

た授業をされています。学んだことの達成感は、より質的に高い
ほうが、子どもたちも知的な喜びがありますから、そこがうまく
リンクできるような提案をすればいいんですよね。場づくりや関
係性、環境を変えるだけでは限界があるんです。ですから、専門
性のある人が、私が教えなきゃいけないんだというのをいい意味
で手放せれば、きっと変わるはずです。RW でも、読み方を教え
られるか、話し合う質問をどう設定するかで、その質はまったく
違ってきます。単に「読んで話し合ってください、どうぞ」では
なく、読み方のレッスンをして、このテーマで話し合ってみよう
というのでは、そこで起きる対話の質は違います。僕は国語は専
門性がある程度ありましたが、正直に言えば、算数の専門性は弱
いので、場づくりに依存していた部分があります。教材はまあま
あ教科書通りという感じです。

　子どもにとっては、何の教科でも一緒なんですよ。僕の算数の
授業が多少稚拙でもどんどん学んでいけるというのは、彼らの中
で学び方としては教科ごとに分かれていないからだと思います。
彼らにとって教室で行われている学びは全部つながっているんで
す。たまたま算数だったり、国語だったりするだけで、自分で学
びのコントローラーを持つ時間が教科を超えて多ければ、より深
められるようになります。教科の本質を学びつつ、教科のコンテ
ンツを超えたところで、何を学んでいるか、何を体験しているか
が本当に大きいと思います。ですから、資質　能力が重視されつ
つある今の流れには基本的に僕は賛成なんです。

　＊8　東京都公立中学校教諭。専門は理科教育。井上太智さんの授業について
　　は、「生徒も教師も本気で遊べる教室〜井上太智学級から、これからの授業、
　　クラスの在り方を考える〜」『授業づくりネットワーク No.29』（学事出版）
　　佐内信之レポートを参照のこと。

学校教育の未来

岩瀬 これから何十年というレベルで考えた場合、学校教育はどうなっていったらいいと思いますか。

青山 やはり社会の変化ということを抜きには考えられないので、将来必要な力は何だろう、個が生きていくために必要な力は何だろうか、といった議論が必要ですよね。そしてそれは、教科学習だけで得られる力ではないということもみえてきました。岩瀬さんの実践は、そのイメージを具現化している一つのモデルだと思います。同時に、やはりお互いの関係性で社会が成り立っていくんだということを、学校教育レベルで実現できることが必要ですよね。個の力を育てるという部分と共生社会の形成となる基盤をつくっていける学校教育という二本の柱があって、それが実現する制度であったり、カリキュラムであったりといったようにシフトしていかないといけない。このように現時点では思っています。

岩瀬 そこへの問題意識は結構、社会で共有されつつありますが、人は自分の理解できる範囲で解釈していきますからね。アクティブ・ラーニングがもてはやされたときも、さまざまな議論の中、「今までの授業でもやっているから、今までのやり方でいいんだ」みたいな話が出てきましたから、ボーっとしているとそうなってしまいそうです。制度や実践は慣性が働きますから、変わらない方向へのベクトルは強いです。

青山 大学の学部で教えている立場から言いますと、一つの大きな課題は、繰り返しになりますが、やはり教員養成のあり方です。10年先、20年先を考えると、本当に重大です。よく、「特別支援学

校の教員か小学校の教員か、どちらに進もうか」と進路相談に学生が来ます。それに対して僕は、一つの問いを投げかけています。「ある子どもがいます。あなたは、もともと教える内容が決まっていて、それをどう教えたらわかるかに喜びを見いだしますか。それとも、この子に何を教えても何をやってもいいですよと言われたら、ウキウキしますか。どちらですか」というものです。結構、分かれます。それで前者ですと、引っかかる部分はありますが、現状では小学校で教えることに向いているのかもしれません。後者ですと、現状では特別支援学校の教員になったほうがたぶんいいんです。でも、もう一歩先を言うと、あなたこそ、小学校・中学校の教員になるべき興味関心をもっている人なのかもしれないと思うんです。単純すぎるかもしれませんが、その辺りからして、もう教員になっていこうとしている人の興味関心の持ち方には偏りがあるのかもしれません。

岩瀬 それは典型ですね。そこのマインドが重なればいいんですけどね。僕の教師としての成長場面を思い出してみると、若い頃は、学級をまとまりでみていましたし、どういう学級かということばかりに関心が向いていました。初任5年目ぐらいまでは同僚とぶつかって喧嘩をしても平気。そんな感じでした。でも、異動があって、赴任した先にいた先生から「いい職場をつくれない人間にいい学級はつくれない」と言われたのが、大きな転機でした。その職場で僕は大事にされたんです。人というのは、大事にされると他人も大事にしたくなるというのが、僕の原体験レベルであります。職場で協同するというのも悪くないなとなり、研究主任等をやる機会にも恵まれたりして、自分自身の変化を実感し、他の教員への関心も出てきました。正確には、他の教員が関心をも

っていることへの関心です。まず職員室の中の大人への関心が高まり、校内研修を通じて、他の教員・自分自身の変化を体感し、子どもへの関心にも大きく影響していったという感じです。なかでもやはり自分自身の変化が個々の子どもへの関心に大きくつながりましたし、それが人の変化、可能性に対しての信頼と寛容にもつながったんだと思います。いい年齢になっても人って変わるんだという実感が、自分の中の核としては大きいですね。30歳の大人だって変わるんですから、8歳や10歳の子どもが変わるのは当然だと。そういう意味では僕にとって職場は、教員養成の場だったのかもしれません。

　授業の面では、「作家の時間」に出会ったのが、やはり一番大きかったですね。書きたいテーマを自分で決め、下書きに時間をかける子もいれば、さっさと清書に入る子もいる。学習プロセスが個々に違っても大丈夫なんだとわかったことが大きかったです。学習者は、自分の学習を自分で管理できる。そして、そのほうが熱心に学ぶんだ、先生の役割はその学びをサポートすることなんだ、ということを実践を通して実感できたことが、授業を変える最も大きなきっかけでした。こんなことを言うと、国語の先生に怒られますが、学校の作文教育というのは結構いい加減ですし、「作家の時間」って見た目も地味な実践ですから、実践しても、誰からも苦情がありませんでした。むしろ他のクラスよりも書いているので、好評価です。実践上、地味であることは、大事です（笑）。ただひたすら作文を書いていますから、他の先生たちにとって過刺激にもならない。そこで感じた、一人ひとり違っていいんだ、むしろ違うからこそモチベーションが高まっていくんだ、それが優れた学び方なんだなと思ったことが、「学びの個別化・協同化・

プロジェクト化の融合*9」に踏み出して行く原動力になったんです。

どんな個にもフォーカスが当たる社会に

岩瀬　今回の対談では、どうしても気になる子の話が多くなりましたが、教室にいるいわゆる勉強がものすごく得意な子たちがどう学んでいるか、ということもすごく大事だと思っています。例えば、算数の授業1時間で、9時間分を終えてしまう子がいるわけです。そういう子たちがもっともっと学びを深められることが教室の中にあるということも、とても大事なことです。その子たちは、残りの8時間を全部、教える役に徹するのではなく、その時間でもっと深いことをさらに学べる環境を用意する。そこに没頭している姿が他の子にとって学びのモデルになる。どの子も自分のチャレンジができる環境が保障されているということは、本当に大事なことだと思っています。

青山　そういう子たちにとっての今後の可能性みたいな部分は、本当に重要ですよね。

岩瀬　だからこそ、個別になることが大事だと思うんですよ。みんなが同じペースでやっていくことはすでにわかっている子たちにとっては、本当につまらない時間でしょうし。

青山　僕のゼミ生に、「インクルーシブ教育におけるギフテッド

---

*9　教育哲学者の苫野一徳は、学校とは本来「自由の相互承認」の感度を育む場とし、それを具現化する実践として、「学びの個別化・協同化・プロジェクト化の融合」を提唱している（詳細は、『教育の力』講談社、2014年を参照のこと）。ただし、岩瀬が「学びの個別化・協同化・プロジェクト化の融合」につながる実践を行っていたのは、『教育の力』発表以前のこと。

教育」というテーマで卒論を書いた人がいたのですが、その結論は、「現行の公教育ではあきらめましょう」というものでした（笑）。どう論をつくっていっても、一般的に行われている公教育の中では、もうどうしようもない。だったらせめて邪魔をしない。その子が力を発揮できるような場を他に求めていくことを考えざるを得ない。例えば、お金を出すので、どこかの大学に1ヶ月ぐらい行って勉強してくる。その部分は出席として認めるといったように、その子に応じた場を保障して、金銭面でもきちんと支援する。そうでないと、家庭の経済状況に左右されますから、そのぐらいの制度改革の中でやらないと、ちょっとした工夫などではもう無理だと、結論はそこまで思い切って書いていましたね。

岩瀬 せめて邪魔をしないというのが大事ですね。小さいレベルでの工夫としては、例えば、すぐに教科書の問題はわかってしまったという子たちに、「じゃあ、これをやってみたら」と中学受験の問題集を渡すと、3人ぐらいで頭を寄せ合って、難しい！　とか言いながら、うれしそうにウンウンうなって解きはじめます。その姿は大事なんですよ。理科とか社会科で、教科書はここまでだけど、この先の探究もOK！　と、自分で問いをつくって探究できるようにする。そういったことも「学びの個別化」の一例なんですよ。僕はそれを「自己主導の学び」と呼んでいます。ただ、それもやはり前提として、まず一歩目は「自由進度」ということでないと成立しないんですよ。一斉授業の構造自体を問い直さないと、一歩目が踏み出せない感じはどうしてもありますね。

青山 ある小学校の社会科の授業での話ですが、一人だけずっと計算式を綴っている子がいたんです。多分、先生の示すデータと自分が持ってきたデータを引き合わせて、自分なりのデータをつ

くっていたんでしょう。先生もよくわかっていますので、注意も
せずに彼のやりたいようにやらせていました。そんなハイスペッ
クな能力のある子どもたちとつきあうのは面白いですよね。そん
な子どもたちの親にはよく言っているのですが、「あの子たちを
高額納税者にして、多動の人たちには世界中を飛び回ってもらっ
て、ちゃんと日本にお金を落とす人にいかに育てるかは、これか
らの日本の将来に大きく関わることですよ」って。「そのぐらい
の覚悟で僕たちも接していますので、どうぞお父さんお母さんた
ちもそんな目でみてください。ただそのためには考えなけれ
ばならないことはありますよね」って、一緒に相談している感じ
です。

岩瀬　やはりもっときちんと、一人ひとりにフォーカスできるよ
うに、学校もそうですが、世の中全体や制度も変わっていくこと
を期待したいですね。

青山　そうですね。ただ、10年前とは風向きがかなり変わってき
ているとは思っています。僕たちも、もうあと10年は、頑張ると
しますかね。

岩瀬　そうしましょう！

第 3 章

インクルーシブ教育の実践って？

岩瀬直樹

　最後に、インクルーシブ教育の実践とは何か、岩瀬さんご自身がこれまでを振り返り、まとめた論考をお届けします。

1．方法の前提になること（対談を経て）

　対談を改めて読み直し、これまで自分が言語化できていなかったことを青山さんに引き出していただき、大切な話ができたなという実感があります。

　青山さんが指摘してくださった「一人ひとりの子どもたちを見ていて、それがつながっていくというのが大前提のはずなのに、若い人にはそうじゃない伝わり方をしているというのは身近でも感じます」という問題、私自身も気になっていたことです。実践の発信が「方法」として受け取られてしまうという問題です。

　例えば、ある先生がＡという新しい方法を何らかの形で知ったとき、「これだ！　よしやってみよう」と教室に持ち込みます。持ち込んだ先生はもちろんも「やる気十分」ですし、子どもたちにとっても目新しくて刺激的です。しかも先生のモチベーションの熱のようなものに影響を受けます。両者のやる気の相互作用で盛り上がるわけです。しかし、１週間、２週間……と時間が経つにつれ、導入時の盛り上がりが消えていきます。最初はあんなに盛り上がっていい感じだったはずなのに、です。

　本に書いてある通りにならない。セミナーで聞いた通りにならない。目の前の子どもが違うので当たり前なのですが、誰より先生が焦るわけです。子どもの「えーまたやるの？」の声に気持ちがめげていきます。声をあげているのはほんの一人かもしれないのに、それが全員の声にきこえてしまいます。

　あんまり価値のある方法じゃなかったのか……そして、新しい方法を探しはじめ、Ｂという方法に出合います。早速Ｂを教室に

持ち込んでみるわけです。持ち込んだ先生はもちろん「やる気十分」ですし、子どもたちにとっても目新しくて刺激的です。両者のやる気が相互作用して盛り上がるわけです。しかし……その頃、また新たなCという方法を……また盛り上がり……（以下繰り返す）。

　かくして教室での実践は、柄のバラバラな「**方法のパッチワーク**」のようになってしまいがちです。そもそも実践というのは、継続的に取り組んではじめて、子どもにとっても教師にとっても手応えと成果が感じられるものです。例えば、「作家の時間」（ライティング・ワークショップ）ですが、私は3年間、関連文献を読んだり、勉強会を主催したり、参考になりそうな実践を参観したりしながら実践を続け、実践記録を書き、授業を公開してフィードバックをもらう等、さまざまな学びや実践を経て、ようやく安定的に実践できるようになりました。しかし、「作家の時間」を単なる方法として捉え、短期間取り組んだだけでは、「書くのが上達した」「書き手として成長している」という手応えと成果を教師も子どもも感じられません。その前に次の方法へと進んでしまっているわけです。

　また、それぞれの方法は共通の「教育観」というわけでもなく、同じ「目的」というわけでもなく、ある一つの教育観のもとでは両立し得ない実践が隣同士に並んでいる可能性もあります。私のこれまでの発信のいくつかは、方法として一人歩きして、「AをやればBになる」という処方箋のように受け取られ、結果として現場の教師や子どもたちを苦しめてしまったのではないか、そんな気持ちが沸き起こってきます。

　教師はよりよい実践をしたい、子どもの成長に貢献したい、端

的に言えば専門性を高めたいと思っています。その専門性を高めるために、私たちは上記のような「新しい方法を取り入れる」というアプローチをしてしまいがちではないでしょうか。

　技術的な熟達が教師の専門性を高めるという暗黙の前提です。しかし、よいとされている方法を取り入れるだけで本当に教師の専門性は高まるのでしょうか。

2．方法の目的化

　例えば、教室前面は子どもの注意がそがれないように掲示物を最低限に抑えるという手立て、方法があります。このような「環境調整」、私のかつての勤務校でも「スタンダード」として広まっていました。しかし、第1章で青山さんが指摘していることを踏まえないと、単に「環境との関係」だけで子どもをみてしまうことになりかねません。「周りに腰掛けている子どもとの関係によって、行動が穏やかになったり、落ち着かなくなったりすることがある」と指摘しているように、同じ方法でもまた別の「関係としてみる」ことで一人ひとりにとっての意味や価値は違ってくることがわかります。

　また、「環境との関係」としても再検討する余地がありそうです。そもそもこの方法の前提となっていることは何でしょうか。それは、「全員前を向いて先生の話を聞いて学ぶのがデフォルト」ということです。机をアイランド形式（グループの形）にするだけで、もはや上記の手立ての価値はわかりにくくなります。

　一斉授業＝悪、と言っているのではなく、これまでの一般的な授業形態、教室のあり方に、子どもたちが合わせていくという方

向を問い直したいと考えるのです。その「困難」は誰が作り出しているのか。その視点が欠如したユニバーサルデザインは、もしかしたら学校や教室が作り出しているかもしれない「困難」にどうやって付き合わせるかに終始してしまいます。

　そもそも、子どもと共に作成し、その子自身が意味を感じる掲示物、集中や学びを促す掲示物だってありえます。方法の目的化は、どの子にも適用できると誤解された画一的指導となってしまう危険性があるのです。

　私は、既存の学校の枠組みの再検討なく、どうすれば適応できるかのアプローチから脱却することが重要だと考えています。まずすべきは、「今の学校の枠組み自体に問題があるのではないか」という視点です。自身の実践や学校の「当たり前」を問い直すことが一歩目です。

　例えば、先の「環境調整」では、合わせることへの「困難」を取り除くための手立てだけではなく、この子にとってどのような環境が一番学びやすいのかという視点からの再検討が必要です。一人ひとり集中できる環境、学びやすい環境は違うはずです。自分に合う場を選べること。いろいろな環境を試してみられること。自分の学びの場を自己選択・自己決定できるようにすること。机がいい人もいれば、床がいい人もいますし、隅っこでひとりしずかに学ぶのがいい人も、わいわいコミュニケーションを取りながら学びたい人もいます。開かれた空間がいい人もいますし、閉じられたスペースが落ち着く人もいます。

　そのような違いがあることは、極めて自然です。実は学級にいる子どもたちは、全員違うニーズをもっています。青山さんが、私の実践を三つの視点で整理してくださっていますが、「個別性」

という視点は、私の実践の根幹の一つだと改めて感じます。

3．子どもをどんな存在としてみるか

専門職としての教師にとって、知識や技術、スキルを身につけることはとても重要なことです。しかし繰り返しになりますが、それ以上に大切なこと、それは対談の中でも触れられていますが、徹底した子どもの成長への関心（個への関心）、そしてそれを支える教育観や子ども観ではないでしょうか。

教室リフォームプロジェクト、作家の時間（ライティング・ワークショップ）、ブッククラブ（リーディング・ワークショップ）等々、すべての実践に共通している私の子ども観、それは、子どもは自分（たち）で伸びていく存在、学びのコントローラーは自分で操作する存在であるということです。

技術や方法以前に、「そもそも教師は何のために存在しているのか」「私はどんな教師になりたいのか」「子どもをどんな存在としてみるのか」というような問いの回答となる教育観や子ども観、もっと言えば、方法や技術の土台となる、その人自身の価値観やあり方そのものが大切ではないかと考えています。

教育観や価値観、その人のあり方等、「私が教師であることの根幹」のことを、私は「教師の根っこ」[1]と表現しています。私自身も、たくさんの経験、それは成功ばかりではなく大きな失敗や葛藤、悩み等の日々の振り返りの中から少しずつその「根っこ」を

---

[1] 「教育観」や「子ども観」といった教師の根っこを考える際に参考にしたい書籍として以下をあげる。教員研修やワークショップでも活用できる。岩瀬直樹・寺中祥吾『せんせいのつくり方』旬報社、2014年。

育ててきました。

　私の「根っこ」を問い直すきっかけになった忘れられないエピソードがあります。

　公立小学校で教員をしていたある年の4月、私はコウタ君の担任になりました。コウタくんは前の学年で、感情のコントロールが上手くできなくて、教室での学びに苦労していた子でした。

　コウタくんは、人に話したいこと、知らせたいことがたくさんあるのに、学校でその欲求を持て余していました。授業中に突然言いたいことがあふれてきて、「今はその話の時間じゃないでしょう！」と先生に遮られてしまう。授業中に友達に突然話しかけて注意される。学校で自由に自分の思いを語れる場面は意外と少なく、気がつくと彼は、「時間を無視して勝手に好きなことを話したりやったりする困った子」になっていたようです。

　大人からみると「困った子」ですが、本人は自身の欲求を受け入れられずに持て余す「困っている子」でした。承認欲求が満たされないことから、学級の他の子との関係も悪化し、暴言を吐くこともしばしばでした。

　しかし、彼の「伝えたい」という思いは本来、学びや成長につながる種のはずです。そんな彼にとって「作家の時間」は、「自分の書きたいことを書きたいように書きたいだけ自分のペースで書ける」時間で、自身の「〜たい」という欲求が大切にされる時間となりました。

　スタートから次々に作品を書き続けた彼は、「『作家の時間』、次いつ？」と聞きに来るぐらい没頭していました。5月の家庭訪問では、保護者の方がおおよそこんなことをおっしゃっていたのを

覚えています。

　「先生、うちの子、家でも作家ノートを取り出して作文を書いているんですよ。あんなに勉強嫌いで先生に反発していたのに嘘みたいです。初めての作品、自慢げに見せるんです。うまく書けたじゃない！　と言うと、『俺の作品は清書する前にいろんな人に読んでもらってアドバイスをもらっているからな。いろんな人の気持ちが入ってるんだよ！』ってうれしそうに言うんですよ」

　コウタくんは、自身の成長実感をベースに他者とのつながりも少しずつ回復していきました。自身の情熱を出発点として、学びのコントローラーを自分で持って成長し続ける（自己主導の学び）。子どもにはその力がある、そこに確信をもってその力を十全に発揮できる環境をいかにつくれるか、それが私たちの重要な仕事だと考えています。

　だからこそ、一人ひとりのことを徹底的にみること、知ることが大事なんだということを学んだ経験でした。対談の中で触れていたユウキさんやナオミさんのエピソードも同様です。学級という環境の相互作用の中で成長していく子もいれば、その途中で教師の「足場かけ」*2が必要な子もいます。

　神戸大学の赤木和重さんは、「今、本人がやりたいことやできることに注目して、そこを大事にしていくという」見方のことを「手持ち能力の全面的開花」（赤木2018）*3と定義しています。今

---

　*2　足場かけ（scaffolding）：心理学者、ヴィゴツキーが提唱した「発達の最近接領域」について、心理学者ジェローム・ブルーナーが加えた概念。学習者である子どもが発達の最近接領域へ進めるようにするために、教師が適切な援助を与えることを指す。具体的には、「誰かの力を借りて今日できたことは、明日一人でできるようになる。子どもは誰かの助けを「足場」にして成長していく」ということ。

３．子どもをどんな存在としてみるか　135

できていないことから出発するのではなく、今できていること（手持ちの能力）を出発点としたら、先のコウタくんの「困った行動」にみえていたことは、赤木さんの見方に即していえば、「伝えたい」という学びの土台だったと考えることができます。

　このエピソードは、「作家の時間」に出会い、初めて１年間を通して実践した年のものでした。それまでの私の作文へのアプローチは、「朝起きたらドラえもんが横に寝ていた」の続きを書く、というような楽しいネタの提供や、文章力を鍛えるためのトレーニングのような授業でした。よりよい方法を探して提供すること、それで間違いないと考えていました。

　しかし、コウタくんを始め、一人ひとりの学習者の変化に、私の「根っこ」はゆらぎました。それぞれの「〜たい」という情熱から学びはスタートするのだということを私は根本的なところで信じていなかったのではないか、子どもを操作する存在としてみていたのではないか、と。

　「技術的な熟達」はもちろん重要です。それは教師の専門性を「技術的な熟達」とみること、つまりいつでも適用できる教育技術や教育方法をたくさん身につけていくことで専門性を高めていくというモデルです。私も若い頃ずっとそう思っていました。とてもわかりやすいモデルといえます。

　それに対して、ドナルド・ショーンという研究者は、たくさんの技術や方法を身につけるだけでは専門性は高まらないと指摘しました。日々の実践を振り返っての気づきから実践を改善したり、自身の教育観、子ども観（根っこ）を再検討していったりという

＊３　赤木和重『目からウロコ！驚愕と共感の自閉症スペクトラム入門』全障研出版部、2018年。

「振り返り（省察）」を行うことで、専門性が高まるというのです。

　このように、「振り返り」を繰り返しながら成長していく専門家をショーンは、「反省的実践家」と定義しました＊4。もちろん、技術的熟達と反省的実践は対立した関係ではありません。教師の成長には両方必要だといえます。

　ただ、今まではあまりにも前者に焦点が当たり過ぎていた感があります。自身の経験からも、日々の経験を振り返り、自身の根っこを再検討し、更新し続けることが、方法の前提として重要だと確信しています。

　そのためにも繰り返しになりますが、徹底的に個に関心を寄せ続けたい。そして、どんな環境を構成したり、どんな関わりができるのかを絶えず試行錯誤し続けたい。その子の学びづらさや過ごしづらさはもちろんですが、その子の好きなことや楽しいこと、持っている力、欲求への視座を持っておきたい。好き！　楽しい！　こそが成長への原動力なのですから。

　もう少し個別性を深めて考えてみます。

　本来、私たち一人ひとりは、学ぶペースも得意な学び方も、学習履歴も興味関心も違います。しかし、今多くの学校で行われている一斉授業（先生の講義や説明を一方的にきく授業）では、前時までのことを「みんなが理解している」という前提で、全員が同じペースで進んでいくことが多いのが現状です。

　算数を例にとると、かけ算・わり算の段階で困っている子、その日の学習内容はとっくに終わっている子、そもそも「座ってきく」という学び方が苦手な子、一人ひとりの学びの様相は本当に

　＊4　ドナルド・ショーン著、佐藤学・秋田喜代美訳『専門家の知恵　反省的実践家は行為しながら考える』ゆみる出版、2001年。

さまざまです。

　やり直すチャンス、戻るチャンス、進むチャンスが保証されていない一斉授業は、「標準ペース」で進んでいきます。そのペースに乗り切れなかった子は、緩やかに学習から遠ざかっていきかねません。だからこそ、「学びの個別化」が必要なのです。学びの個別化とは、「教師の力を借りながら自分で学習計画を立て、学ぶペース、学び方、学ぶ場所や教材等を選んで学習し、その学習を振り返って改善していくらせん型の学習」のことです。「自由進度学習」や「自立チャレンジタイム」、「作家の時間」等は、その具体的な方法です。学びが個別化していくということは、当然ですが、一人ひとりの学びが違ってくるということでもあります。

　2018年6月にサンフランシスコの公立校（チャータースクール）の New school＊5に見学に行きました。まだ開校して2年ですが、教科横断の探究学習をカリキュラムの核とした保護者の評価もとても高い小学校です。

　探究学習の参観を目的に行ったのですが、最も印象的だったのは、「学びの個別化」でした。年度のはじめに6週間かけて一人ひとりの個性、情熱をもっていること、特性をじっくり観察します。その上で、全員の個別学習計画（Individualized Learning Plan）を作成して、保護者と面談するのです。

　その後、保護者の合意を得て、日々の学びがスタートします。一人ひとりに個別学習計画をつくること、そのために丁寧に観察することに驚きました。個別学習計画は、本来すべての子どもにあるべきものだという、当たり前のことに気づかされました。こ

　＊5　http://www.newschoolsf.org/

れからは、日本でも個別学習計画がベースになっていくといいのではないか、私はそう考えています。

4. 他者と共に伸びていく

　対談でも出てきたトモミさん。出会った当初は、できるだけ彼女が教室で困らないような手立てを保護者も交えて一緒に考えることからでした。

　しかし、彼女のもっている力が発揮される場面を工夫し、少しずつ学級での居心地のよさを獲得していったトモミさんは、生き物博士であるという「手持ちの能力」を土台として、少しずつ教室での様子が変わっていきました。同じく生き物好きだったジュンさんが、頻繁に話しかけるようになったのです。ジュンさんは学校の勉強の得意な子。それまではあまり関わりがなかったのですが、生き物を機につながりはじめたのです。

　トモミさんの生き物へのこだわりがジュンさんには魅力的だったのです。算数でトモミさんが悩んでいるときには、すぐにジュンさんが声をかけるのですが、そこに「教える－教えられる」の関係性は感じませんでした。この場面では手を貸す、この場面では手を借りる、この場面では一緒にやる。そのような自然なやりとりが増えていきました。

　対談でも触れましたが、トモミさんは書字が苦手です。通常の授業場面ではノートに書いたり、プリントやテストでは書かなくてはいけないことが多く、それが彼女の学習と意欲を妨げていました。巡回支援等の際には、臨床心理士に相談しながら手立てを増やしていきました。彼女はよく話す子でしたので、例えば「振

り返りジャーナル」では、私がインタビューして記入するような工夫をしました（今なら音声入力でできますね）。図や表はコピーして貼る（教室にコピー機能付プリンターを常備しました）、ある授業では、パソコンで入力できるようにする等の準備しました。

ある日の算数の「自由進度学習」でのこと。ふとトモミさんの様子を見ると、見慣れないプリントが。書く量を減らした穴埋めプリントが何枚もあったのです。

「これどうしたの？」

「ジュンさんやマコトさんが、つくってくれたんです！」

なんとなんと。

ジュンさん、マコトさんに聞くと、「トモミさんは書くのが苦手だから、あまり書かないでやれる方法を考えたんだよね」と、当たり前といわんばかりに教えてくれました。

困っていたら工夫すればいい、という当たり前のことをごく自然にやる。先生ひとりでやれることなんて、たかが知れている。お互いがお互いに敬意をもって、ケアしあえばいいんだということを教えてくれた出来事でした。このような緩やかな協同性、つながりの中で成長し合う関係性を築いていくこと。学びの個別化と協同化は両輪なのです。

トモミさんは少しずつ自分への自信と信頼を取り戻していきました。総合的な学習の時間に、近くの雑木林に行ったときは、「これは、○○グモと言って、つがいで生活するんですよ。メスがオスを食べることもあるんです」と解説が始まり、近くの人はただ

ただ感心。手持ちの能力が十全に発揮できるから、少しずつ苦手なことにも「できるようになるんじゃないか」という予感が働いていくようになったようにみえました。

　算数では、やる気のエンジンがかかるまでに30分ぐらいかかったりもするのですが、やりはじめると給食の時間になってもやり続けます。周りの子たちも「エンジンかかったらすごいよなー」と見守ります。

　正直に書きますと、私自身もトモミさんの学びやすさに配慮して十全に準備できていたとはとても言い難いのです。いわゆるテスト類は市販のものをそのまま使ってしまっていました。今ならもっと違うアプローチをしたのに、と恥ずかしい気持ちになります。もっと専門性を高めるために勉強し、また専門家と日常的につながって実践していくべきでした。私たちは完璧にはなれません。でもだからこそ、学級というコミュニティでお互いの成長を支え合う関係性を育むことが大切なのだということを、トモミさんにまつわるさまざまなエピソードから気づくことができました。

　熊本大学の苫野一徳さんの言う、「ゆるやかな協同性に支えられた『個』の学び（必要に応じて、必要な人と、人間関係の濃淡を超えて教え合い学び合える学びの環境）」[6]こそが、これからの学級、学校に求められることだと強く思うのです。

　では、そのような「協同の力」（青山さんは「つなぐ・つながるということ」と表現されていますが）はどうすれば発揮されるのでしょうか。

---

*6　苫野一徳「公教育の『本質』から未来の教育を構想する」「未来の教室」とEdTech研究会（第3回）配布資料 http://www.meti.go.jp/committee/kenkyukai/mirainokyositu/pdf/003_06_00.pdf

4．他者と共に伸びていく　141

　それは、子どもたちが自由に試行錯誤できる環境、つながれる場が教室にあるかどうかにかかっていると思います。「会社活動」や「教室リフォームプロジェクト」はその典型です。私たちは、「子どもたちのために、いろいろやってあげるのが先生の仕事」だと思いがちです。できるだけ手をかけ、時間をかける人が「よい先生」で、環境調整は先生が頑張る。これは、わりと根強い考え方です。

　例えば、新学期に先生が、教室のロッカーに一人ひとりの「名前シール」を貼ります。下駄箱にも名前シールを貼ります。掲示物を貼るのも先生が丁寧に丁寧に。放課後教室を整頓するのも先生。教室に季節の飾り付けをするのも先生。掃除当番表も、給食当番表も先生が美しくつくります。

　そうやって「先生の主体性」が発揮されていくのです。子どもは先生がつくった環境の「消費者」となってしまいます。しかし、これは本当に「いいこと」で「いい先生」なのでしょうか。

　先生が一生懸命「やってあげる」ことで、子どもたちは、「自分がやらなくても自分の周りの環境は自動的に整っていく」「自分の周りを居心地よくするのは先生の仕事」「困りごとを解消するのは先生の仕事」「困っているあの子をサポートするのは先生の仕事」ということを学んでいるかもしれません。でもそれが、私たちが子どもたちに伝えたいメッセージなのでしょうか。

　例えば、子どもは自分（たち）で伸びていく存在、学びのコントローラーは自分で操作する存在であるという子ども観に立ってみると、他のアプローチが考えられるのではないでしょうか。

　「せんせー、ロッカーに名前シールが貼ってありません」
　「ほんとだねー」

「誰がどこに入れるか、わかりません」

「そっかー、それは困ったねー。で、どうしたい？」

「名前シール貼りたい」

「お！　いいアイデア。どうぞどうぞ。そこにシールはあるし、名前の印もあるよー。あっちにテプラもあるから使ってもいいよー。説明書も入ってるから、読んで使ってみてねー」

これで OK ではないでしょうか。

「せんせー、給食献立表ないと明日の給食が何かわからないよ」

「そっかー。確かにそうだねえ」

「貼っていいですか？」

「いいも悪いも、みんなの教室なんだから、いいと思ったことは、ぼくに断らずにやるといいよー」

イラストが得意な子が手伝ってくれたりして、「給食献立表コーナー」ができます。

困ったら、不都合を感じたら、自分たちでなんとかしていく。そうして、自分たちで教室をつくっていく。自分たちでやれること、やりたいことは自分たちでやる。困ったらお互いにサポートし合う。私たちが教室で大切にしたいことを子どもたちに手渡していくこと。その試行錯誤の中で学んでいくことが学校の価値ではないでしょうか。

「教室リフォームプロジェクト」の本質は、ここにあります。自由な試行錯誤があるからこそ、やってみたいというプロジェクトがあるからこそ、自然につながるきっかけが多数生まれます。たくさんの機会がないとつながれないのです。青山さんが書かれていた通り、「つなぐ、つながるということ」はさまざまな取り組みを見直す重要な視点だと考えます。

そして、そのように手渡していくと、結果として先生に様子を
みる時間が生まれます。ですから、個への徹底した関心、つなぐ
きっかけ探しを物理的にも持ち続けることができるのです。

5．学級を安心安全に、のその先に

学級を「安心・安全な場に」というのはよく聞く言葉で、私も
よくそう言っていました。私も他者も大切にされる環境、幸せに
暮らせる環境はすべてのベースです。

しかし、それはあくまでも土台に過ぎないと私は考えています。
その環境の中で、私の持っている力を発揮でき、そして成長して
いる実感があること。周りにいる他者も同様に持っている力を発
揮し、そして成長していること。楽しいこと、好きなことに没頭
できること。自分の変化や成長がうれしいので、もっと進みたく
なる。周りを見回すと、他者の成長や頑張りがみえるので、いい
なあと思うあこがれの気持ちも生まれるかもしれません。子ども
が豊かに成長できる環境は、それぞれの成長や好きなことで刺激
し合える環境ではないでしょうか。

ここまで書いてあるエピソードを思い出しました。6年生を担
任したときのことです。

新学年が始まって2ヶ月ぐらいたったある日、教室の床に丸く
なって座り、「今感じていること」を自由に出し合うサークルの時
間をとりました。そこでナナコさんはこんな発言をしました。

「6年になって最初は、男子と手をつなぐとか絶対ありえない
って思っていたけど、昨日の授業で、男子と手をつなぐとか普通
になっていたから、いつの間にこうなったんだろうなあって思っ

た。自分の変化はよくわからなかったけれど。けど、周りの人を
みていると、その人の成長ってわかるから、周りの人が自分の成
長もみてくれているって思う」

　ナナコさんがどんな気持ちでこの発言をしたのかは、本人にき
いてみないとわかりません。私なりの解釈になりますが、自分の
変化って自分ではわかりにくいけれど、なんとなく実感はあって、
周りの変化、例えば苦手なことにぐいっと取り組んでいたり、自
分の好きなことで力を発揮していたり、そういう姿が、何か自分
も変わりそうみたいな予感になるのではないでしょうか。

　周りの存在が刺激になり、あこがれになる。だからやってみた
いことが増える。できそうと思えることが増える。そんな場を目
指していきたいと思います。

　先に紹介した本で赤木さんはこう述べています＊7。

　子どもたちに「いろいろちがうけど、でも、みんな同じよ
うに素敵な自分になりたいと願い、悩み、がんばっているん
だよ」と「ちがい」の裏にある「おなじ」部分を伝え共有し
たいなと思います。そういう人間観を子どもたちがもってく
れたとき、その教室にはこれまでとちがう質のつながりが生
まれるはずです。「ちがうけどおなじ」。そんな人間観を子ど
もたちに手渡すことこそが、インクルーシブ教育の意味なの
だと思う今日このごろです。

　ちがうけどおなじ。ああ本当にそうだなあと思うのです。ナナ
コさんはその「ちがうけどおなじ」を感じていたのかもしれません。

＊7　前掲書（2018）85頁。

だからこそ、学校で協同で学ぶということに価値があると、私は日々の子どもたちとの時間で実感し続けてきました。

6．インクルーシブ教育の実践って？

　ある年の６年生の４人。ペット会社を設立し、「ハムスターを飼いたい」と。学校でハムスターを飼うとなると、いろいろな困難が予想されます。

　そもそも管理職や他の教員との調整もありますし、学校の表向きのストーリーの衝突もありそうです。このようについ、「めんどうなことになりそうだな……」という気持ちがちょっと頭をもたげてしまいますし、どのような学びへ展開していくかが予測しにくかったりします。しかし、「～たい」という欲求は学びの大切なスタートです。

　「うーん、そうかあー。どうしたらいいかなあ」

　「校長先生にきけばいい？」

　「確かにね。アレルギーのある人もいるかもしれないし、この学校でそのような動物を飼うのは初だろうから、校長先生にきくといいかもね」

　早速、子どもたちは校長室へ向かいました。

　「どうだった？」

　「0.1秒でダメって言われた……」

　「理由もきいた？」

　「うん……」

　生き物は命。休みの日や夏休みはどうするのか。アレルギーが

ある子がいた場合はどうするのか。逃げる可能性もある。そもそも全員が飼いたいのか。

「ハムスタープロジェクト」はこのようにスタートしました。校長先生からもらった問いは、自分たちが探究する問いとなっていきます。アレルギー対策をどうするか。土日、長期休みはどうするか。逃げちゃう危険性は？

4人チームの探究が始まります。まず、クラス全員にアレルギー調査を行うことを計画しました。調査用紙は養護の先生にアドバイスをもらって作成。アレルギーと返答があった家庭には、「ハムスターを飼っても大丈夫か」というお伺いの手紙を出していました。失礼のない手紙を書くのもまた学びです。それをグラフにまとめて校長先生へのプレゼンの準備。算数の学びがここで生きてきます。

小屋やえさは、手紙を配布して、かつて飼っていた人から無事に譲り受けることができました。土日、長期休みの預かる順番表も作成。ハムスターをくれそうな先も確保。1ヶ月半の探究は続きました。「〜たい」の力はすごいです。この試行錯誤こそ楽しいのですよね（本人たちは「楽しい」じゃなくて真剣ですが）。

これを一緒におもしろがることが先生の大切な役割だと思います。一緒に「どうしたらいいか」を考え、一緒に楽しんでそばを走っている感

じです。

「全員飼いたいのかってきかれたんじゃなかったっけ？」
「それはいいの。全員のわけないから。私たちが飼いたいの。みんなからは OK もらってるから。それも確認済み」
　恐れ入りました。

　1ヶ月半後。教室で何度もプレゼンのリハーサルをして、満を持していよいよ再度校長室へ。
「ここまで調べたのか。よしわかった。いいでしょう」
　大喜びで走って帰ってきました。
「飼いたいんだけど→いいよー、明日飼ってきてあげる」とは全然意味合いも価値も違います。一人ひとりの「〜たい」は違って当たり前。みんながハムスター好きである必要はまったくないですし、みんなが夢中になる必要もまったくありません。一人ひとりの「〜たい」が大事にされる場。自分の「好き」が大事にされる場。それは何も、私たちが「気になる子」だけではないのです。
　学級にいるすべての子が、自分の「〜たい」が大事にされる。自分の手持ちの能力が発揮できる。自身が幸せに学べているからこそ他者に寛容になれ、他者や他者のやっていることに関心やあこがれが生まれ、その違いが魅力としてそれぞれの中に浮かび上がってきます。
　読書好きのある子は、ひたすら本を読んでいる。ある子は、ひたすらマンガを書いている。ある子は大工仕事にいそしむ。ある子は校務員さんに弟子入りして野菜をつくる。
　生き物が好きなトモミさんが学級で立ちあがってくるのは、そ

の他の子も「〜したい」が大事にされているからなのではないか、と思うのです。

「できる−できない」はつねに比較の目線になってしまって、そこにいる人は苦しい。学校って、ついそうなってしまいがちです。でも「好き」や「〜たい」は、一人ひとり違って当たり前。比較ではなくなり、お互いへの関心につながります。その関心は、「おもしろそう！」と他者にいい意味で感染します。

宮台は、学びの動機には３種類あると言います＊8。「競争動機」「理解動機」「感染動機」。３番目の「感染動機」がもっとも強い動機になるそうです。多様な人、多様な価値、多様な事柄に出会い、刺激し合う時間、空間、仲間。

自分の「〜たい」「好き」にとことん進める時間、お互いの「好き」に刺激を受け合う、学校ではそんな子ども時代こそ大事にしたいなと改めて思います。

第１章の最後で青山さんは、私の実践を「『予定不調和』とでも呼べる、試行錯誤の連続の中で行われているものだ」とまとめてくださいました。

私は、結局その予定不調和をおもしろがっていたんだなあと思います。「そうきたか！」と一緒におもしろがり、子どもたちと一緒に探究し続けていたのだと思うのです。

探究する種は、さまざまなことが起こる教室のさまざまなことの中にあります。

方法のパッチワークに陥ることなく、子どもを自分（たち）で伸びていく存在、学びのコントローラーを自分で操作する存在で

＊8　宮台真司『14歳からの社会学』世界文化社、2008年。

あるとみるところから出発すること。

　青山さんの言葉で言うと、「緩やかな構造の中での自由度の高さと試行錯誤の連続性」のカリキュラムを組織し実践していくこと。個への徹底的な関心から、個へのサポートと共に、緩やかな協同性の中でつながり、刺激し合い、共に育つ環境を学習者と共に創っていくこと。

　そのプロセスの不安定さや揺らぎを、先生である私たちも共におもしろがっていること。その試行錯誤と振り返りの中で自身の根っこを磨き続けること。

　私にとってのインクルーシブ教育の実践は、こんなイメージです。

ここまで読んで下さった皆さん、如何でしたでしょうか。

　本書では、インクルーシブ教育の実践について、「多様な学びの場」の一つ、通常の学級で行われた実践、岩瀬直樹実践を中心に議論を展開していきました。

　しかし決して、本実践が答えではありません。いや、答えは一つでは無いと言うべきでしょうか。

　答えはきっと、読者の皆さんの目の前にいる子どもたち一人ひとりの中にあります。

　明日からはそんな思いで、子どもをみてみませんか。

　そこから、あなたのきょうしつのインクルーシブ教育の扉は開かれるでしょう。

あとがき

　私は、小学校教員時代には主に自閉症といわれる子どもたちとつきあい、その内面との交信を考え、やりとりを自前のことばに紡ぐことに執念を燃やしてきた人間です。それも、個別の指導・支援を主に行ってきた人間なのです。

　現在、インクルーシブな教育を進め、さまざまな人が共に生きられる社会の形成基盤をつくることの重要さが主張されるようになりました。本シリーズの前作で、インクルーシブな教育には「つなぐ・つながる」ことが重要だと述べました。そこで今回は、通常の学級担任として先進的な実践を発信し続けてきた岩瀬さんとつながってみようと考えました。個別の指導・支援を行ってきた人間と学級集団の指導を行ってきた方とがつながり、その仕事を融合させたかったからです。

　その結果、何が見出されたのでしょうか。

　そこでは、インクルーシブな教育を考えていくことは、徹底的な「個の追究」であるという私たち二人の思考が示されました。これは、本シリーズのテーマである「インクルーシブ発想」すなわちインクルーシブを考える際の本質的な考え方に重要な示唆を与えてくれました。そう、「インクルーシブ発想」とは、一人ひとりを大切にすることでありすべてはそこから始まるという実にシンプルな結論であったのです。そして、それが既成の学校教育を前提とはしないことも示されました。通常の学級の前提を見直すと共に、徹底的な「個の追究」が進むという方向性に向けて、愚直な取り組みを続けていきたいと思います。

青山新吾

《著者紹介》

青山新吾（あおやま・しんご）

1966年兵庫県生まれ。ノートルダム清心女子大学人間生活学部児童学科准教授、同大学インクルーシブ教育研究センター長。岡山県内公立小学校教諭、岡山県教育庁指導課特別支援教育課指導主事を経て現職。臨床心理士、臨床発達心理士。著書に、『特別支援教育すきまスキル　小学校上学年・中学校編』『特別支援教育すきまスキル　小学校下学年編』『自閉症の子どもへのコミュニケーション指導』『個別の指導における子どもとの関係づくり』（以上、明治図書）『特別支援教育ONEテーマブック③気になる子の将来につなげる人間関係づくり』『同シリーズ⑤特別支援学級の異学年・小集団指導のポイント』『特別支援教育　学級担任のための教育技術』（以上、学事出版）ほか多数。

岩瀬直樹（いわせ・なおき）

1970年北海道生まれ。学校法人軽井沢風越学園校長。埼玉県公立小学校教諭、東京学芸大学教職大学院准教授を経て、現職。全国の学校を参観するなかで、組織論、クラスづくり、授業改革の必要性を感じ、実践・研究をはじめる。学級経営論、学習者中心の教育を研究・実践している。著書に、『せんせいのつくり方』（旬報社）『クラスづくりの極意』（農文協）『信頼ベースのクラスをつくる　よくわかる学級ファシリテーション①②③』（解放出版社）『「校内研究・研修」で職員室が変わった！』『読んでわかる！リフレクション　みんなのきょうしつ増補改訂版』（学事出版）ほか多数。

インクルーシブ発想の教育シリーズ②
インクルーシブ教育を通常学級で実践するってどういうこと？

2019年1月17日　　初版第1刷発行
2024年9月30日　　　第7刷発行

著　者──青山新吾・岩瀬直樹

発行者──鈴木宣昭

発行所──学事出版株式会社
　　　　　〒101-0051　東京都千代田区神田神保町1-2-5
　　　　　電話　03-3518-9655
　　　　　URL　https://www.gakuji.co.jp

編集担当　加藤　愛　編集協力　吉原秀則
装丁　中村泰広　イラスト　平戸孝之
印刷製本　精文堂印刷株式会社

© Shingo Aoyama, Naoki Iwase, 2019 Printed in Japan
落丁・乱丁本はお取替えいたします。

ISBN978-4-7619-2517-8　C3037